Defaid yn Chwerthin

Hafina Clwyd

GWASG GOMER
1980

Argraffiad Cyntaf - *Awst 1980*

ISBN 0 85088 962 6

Argraffwyd gan
J. D. Lewis a'i Feibion Cyf., Gwasg Gomer, Llandysul
Dyfed

I
LESLEY A CALVIN
am fod yn blant da

RHAGAIR

Y mae fy niolch pennaf i Cliff, paragon o ŵr, am oddef dyrnu'r teipiadur a diffyg dillad glân, tra esgorais ar y gyfrol hon. Diolch hefyd i fy modryb, Roberta Roberts, Penrhyndeudraeth, am roi ambell hergwd i'r cof ac i'm chwaer a'm dau frawd am gael eu defnyddio heb eu caniatâd ! Rhaid diolch yn ogystal i'm rhieni, Alun a Morfydd Jones, Rhydonnen, Llanychan, am ofalu imi gael fy ngeni yn y wlad, yng Nghymru, mewn byd dideledu, di-drais, diniwed.

Ar y gyfundrefn addysg y mae'r bai am bob diffyg synnwyr sydd yn y gyfrol ; oherwydd gorweithio a gorflino mi gefais hanner tymor o egwyl o'r ysgol a gorchymyn y meddyg i ymlacio. Ffrwyth yr ymlacio yw'r cawdel a ganlyn.

HAFINA CLWYD

Llundain 1979

Dyddiad Dychwelyd		Date due back

WITHDRAWN

CYNNWYS

RHAN I   DYFFRYN CLWYD A CHYMRU

RHAN II   LLUNDAIN A'R BYD

RHAN I

DYFFRYN CLWYD A CHYMRU

DEFAID YN CHWERTHIN

'Roedd gan fy Mam ddywediadau anfarwol. Fe'u caf-
odd oddi wrth fy Nain a oedd yn hanfod o Fryneglwys-
yn-Iâl a'i Mam hithau a oedd â'i gwreiddiau yn Rhos-
ygwaliau a Chefnddwysarn ym Mhenllyn. Bûm ar
fai na fuaswn wedi gwrando mwy ar Nain yn siarad a
rhoi ei dywediadau ar gof a chadw, rhai ohonyn nhw
yn mynd yn ôl i'r ddeunawfed ganrif, ni synnwn ddim.
Ugain oed oeddwn pan fu hi farw yn ddynes gymharol
ifanc, ac nid oeddwn, yr adeg honno, yn sylweddoli
fod yna unrhyw beth yn arbennig ac anghyffredin yn
iaith goeth, gadarn liwgar, fy Nain. Wedyn y daeth y
weledigaeth a'r syndod o glywed Cymraeg garbwl,
lygredig a di-raen ; rŵan y mae'n edifar gen i na fuaswn
wedi sylwi a gwrando. Wyddai *hi* ddim ei bod hi'n
anghyffredin ; nid wyf erioed yn ei chofio yn poeni am
yr iaith er nad oedd yn rhy hoff o'r Sa'sneg, chwedl
hithau. Ond yr oedd hi, mae'n debyg, yn perthyn i'r
genhedlaeth olaf a siaradai Gymraeg yn hollol anym-
wybodol fod ei thynged yn y fantol.

Y gri ar fore Sadwrn yn aml iawn oedd : "Mam, be'
ga'i 'neud ?" a hithau yn ateb yn ddifêth : "Sa' ar dy
ben !" neu "Mam, ble gaf i fynd ?" a'r ateb bob tro
oedd : "Cer' i Lanbidinodyn lle mae defaid yn chwer-
thin." A chaem hwyl wrth glywed Mam a Nain yn
mwynhau dweud Llanbidinodyn lond ceg. Dywedai
Nain mai yn Sir Fôn yr oedd y pentre' hwnnw a'i fod
yn andros o bell. Plagio Nain wedyn, eisiau stori :
"Glywest ti am yr hen ŵr a'r hen wraig a'r bachgen
bach a'r cap coch?" "Naddo, Nain." "Wel, dene hi ;
yr hen ŵr a'r hen wraig a'r bachgen bach a'r cap coch."
Stori big oeddem yn galw peth felne. Stori arall a ddôi

yn ei thro : "Cosyn melyn bach." "Be' wedyn, Nain ?"
"Dim byd, dim ond cosyn melyn bach !" A dyna'r cwbl.
Âi hyn ymlaen am oriau a Nain o'r diwedd yn alaru
ar y diwn gron ac yn dweud : "Dw-i newydd gael
llythyr o dy wely ; cer i fyny'r allt bren i'r cae sgwâr."
Ochneidio mawr : "Un arall, Nain ?" "Hwch fach goch
a chwech o berchyll cochion bach yn chwarae chwrli-
gwgan ym marchnad Mochdre echdoe." Ew, byddem
ym mwynhau dweud hyn, a "menyn melyn meddal" a
"daliodd Dafydd Dafis dwrch daear du diwrnod dyrnu'r
drydedd das" a Taid yn chwerthin am ein pennau wrth
inni faglu dros y cytseiniaid. Chwerthin yn y gwely a
Nain yn blagardio : "Cerwch i gysgu'r trychifilod bach
neu mi ddaw Jac-bo-Lol ar eich hole chi." "Pwy, Nain ?"
a hithau'n ateb o waelod y grisiau :

> "Jac-bo-Lol a thwll yn 'i fol
> Digon o le i geffyl a throl."

Distawrwydd wedyn o achos mi fedrai Nain droi y tu
min.

Byddem wrth ein bodd yn mynd ar ein gwyliau i dŷ
Nain fis Awst, dair neu bedair ohonom. Siou Flodau
Rhuthun oedd y man cyfarfod a'r teulu yn heidio yno
fel mawion. Aem oddi yno i fferm Taid a Nain yn
Nhrefnant, yr ochr arall i Ddinbych. "Mi ddown i'w
'nhôl nhw o Siou Dimbech," meddai fy Mam a 'Modryb
am fy chwaer a 'nghnitherod a minnau, gan ollwng och-
enaid o ryddhad wrth feddwl am bythefnos o heddwch !
Yr oedd llawer o bethau gwahanol ar fferm Taid ; pwll
hwyaid (neu chwîd fel y dywedem) a dotiem at yr adar
digri, eu traed a'u sŵn ; lein y relwe yn hollti'r fferm
yn ddwy ac yr oedd yn beth cyffrous i blant o berfeddion
gwlad gael gweld trên Y Rhyl yn mynd heibio'n rheol-
aidd, a chael cario ŷd a gwair a 'nôl y gwartheg ar draws

y lein. 'Roedd gan fy Nain goed Eirin Dinbych yn y
berllan ac yr oedd hwyl wrth eu hel er bod y cacwn
yn berwi ; a pheth cas oedd cael ein colio. Yr oedd yn
ardal ddrwg am gacwn ac yr oedd potiau jam yn llawn
o ddŵr o gwmpas y tŷ yn achosi diwedd dyfrllyd i'r
giwed, a ninnau yn mwynhau gweld eu dioddefaint.

Cefais oriau o fwynhad yn chwilota mewn hen gistiau
a chypyrddau ac yn cael addysg yn ddiarwybod i mi fy
hun wrth ymgolli'n llwyr mewn hen gopïau o'r *Gymraes*,
y *Cenhadwr*, y *Drysorfa* a *Chymru'r Plant*. Yr oedd yn
baradwys llyfrbryf. Fe'u traflyncais a cholli llawer o
ddagrau wrth ddarllen hanes am blant dychrynllyd o
dduwiol yn marw'n ifanc ac yn parablu adnodau wrth
lithro i freichiau tragwyddoldeb. Yr argien, yr oeddwn
yn mwynhau pethau felly a bron na theimlwn ei bod yn
werth marw'n ifanc er mwyn cael ennill anfarwoldeb
ar dudalennau *Trysorfa'r Plant*. Syllwn yn gegagored
ar luniau plant duon a melynion, modrwyog a llygatfain,
draw, draw yn Tseina a thiroedd Japan, na wyddwn
am eu bod cyn hyn, er bod gennyf fodryb yn genhades yn
Tseina, dynes na welswn erioed mohoni ond a oedd yn
rhan o fytholeg falch y teulu. Y mae hi, erbyn hyn, yn
sionc a llawen-bedwarugain oed, yn byw ar gyrion Caer-
dydd. Ond ffantasi oedd modryb Gwenfron yr adeg
honno ; heddiw 'rwy'n falch o gael ei hadnabod.

Mynd trwy hen luniau. "Pwy ydy hwn a phwy ydy
hon ?" a dod i wybod am hen hanes y teulu : Anti
Sinah a gadwai siop yr Helyg yng Nghoedpoeth a "Dene
Rhobet 'mrawd a laddwyd yn y Rhyfel Mawr. Dy
hen-nain ydy hon. Mi gafodd hi ei throi allan o'i
fferm gan Preis y Rhiwlas ar ôl Etholiad Mawr 1868.
Dyde-ni byth wedi maddau i'r Toris. Bethel ydy o,
brawd i dy hen-daid, tipyn o fardd." Gwell na straeon
Hans Andersen oedd Nain yn mynd drwy'i phethau ac

yn hel achau. Wedi blino ar yr holl holi a'r stilio mi
fyddai'n dweud : "Paid â holi cynffon doli, gei di w'bod
bore fory."

Yn y tŷ heblaw am y cistiau a'r cwpyrddau hudol,
yr oedd pethau eraill a gofiaf ; injan falu coffi (er na
welais erioed goffi yno), cloch bres ar ffurf merch mewn
crinolin, bys o borslen i ddal modrwyau, basged gwp-
annau. A'r drws ar waelod y grisiau oedd y rhyfeddod
mwyaf ! Ogle braf ar faco Taid a thŷ bach lle'r oedd
rhaid tynnu tshaen. 'Roedd yn gas gennyf wneud hynny,
yr oedd y rhyferthwy dŵr yn codi braw arnaf. Peth
arall a gofiaf yw'r ffordd i'r capel ; rhodfa lydan union-
syth fel ffordd Rufeinig gyda choed ceirios bob ochr
yn llawn blodau. Y ffordd o Fodffari i Drefnant yw hon
ac yr oedd hi'n wledd i'r llygad. Yr oedd Taid yn
flaenor a rhaid oedd eistedd fel llygod.

Os byddem yn blant drwg (ac nid oeddem yn aml)
dywedai Nain bethau fel "Cer i Halifax." Yn ôl yr
hanes yr oedd Halifax mewn gwlad o'r enw Lloegr ac
yr oedd yn lle enwog am fileindra ei benyd ar ddrwg-
weithredwyr ac yr oedd yno, ar un adeg, grocbren hynod
o brysur. Dywed y Geiriadur "Slang" mai llygriad o
"Go to hell" yw 'r dywediad hwn ond yr wyf yn anghyd-
weld, ac y mae'n well gennyf esboniad Nain. Os bydd-
ai'r cathod yn mynd dan draed (yn ôl arfer cathod) ebe
Nain : "Ffaglo chi." Tybed a yw'r dywediad hwn yn
mynd yn ôl i'r Canol Oesoedd a dyddiau Mari Waed-
lyd ? Pan fyddai Nain yn mynd â dillad ar y lein i'r
berllan a hithau'n chwythu sychu mi fyddai hi'n llafar-
ganu :

> O ! mae hi'n oer
> A finne'n dene,
> Dim ond croen
> I guddio' senne.

Os na fyddai hi'n dywydd sychu da y weddi fyddai :

> O ! Arglwydd dyro awel
> A honno'n awel gre',
> A sycha fel y coblyn
> O hyn tan amser te.

Ac os digwyddai galanastra fel y lein yn torri neu'r prop yn llithro neu fuwch yn rhoi cic nes byddai'r fwced yn blastar, gair fy Nain oedd *smoneth*. "Hwsmonaeth" yn wreiddiol. "Wel, dene 'smoneth iar ddu, dodwy allan a bawa 'n y tŷ." A byddai yn fy herian drwy ddweud mai 'smoneth ar blanta yw cael geneth yn gynta' a minnau yn gwylltio gan fy mod yn hynaf o bedwar.

Er ei bod hi a 'Nhaid yn gapelwyr selog ac yn feistri corn ar eu hwyrion a'u hwyresau yr oedd gan y ddau hiwmor iach ac yr oedd yn hwyl cael bod yn eu cwmni. Mi welaf fy Nhaid yn chwerthin; ni welais erioed mohono yn chwerthin gymaint â'r diwrnod y deuthum â stori adre o'r ysgol. Ebe fi wrtho ryw ddiwrnod : "Glywsoch chi am y dyn hwnnw yn sefyll ar ben ysgol yn toi, a'r ysgol yn dechrau llithro a dyma fo yn penderfynu gwneud ei ewyllys. Fel hyn : Y tŷ i Mari a'r pres i Gwen a rŵan am gythrel o godwm !" ebe fi'n hollol ddiniwed a'r gair cythraul yn diasbedain. Mi chwarddodd fy Nhaid am oriau ac mi'i gwelaf o rŵan yn tynnu ar ei getyn ac yn pwffian chwerthin wrth y tân ac yn dweud : "Dywed y stori ene eto." Wrth gwrs, wedi hynny, 'roeddwn yn gwneud ati ac yn dweud pob math o straeon wrtho nes euthum dros ben llestri a Nain yn troi arno ac yn dweud ; "Arnoch chi mae'r bai yn 'i chynnwys hi."

"Faint ydy'ch oed chi, Nain ?" "Yr un oed â bawd fy nhroed a thipyn bach hŷn na 'nannedd" oedd yr

ateb bob tro, er ein cynddaredd. "Dwedwch rywbeth yn
Sa'sneg, Nain" a ffwrdd â hi ar un gwynt :

> When I was walking to Sir y Fflint
> I saw a man bron colli his gwynt,
> His tafod was allan, his pen was cam,
> And I did chwerthin 'til I was gwan.

Codi'n hwyr. "Bore pawb pan godo" meddai hi'n
wawdlyd ac i wneud pethau yn waeth dywedai :

> Cas gan ddiogyn fynd i'w wely
> Casach fyth yw codi i fyny.

Ac i un a fagwyd yn nyddiau y troi allan o'r fferm a'r
caledi yr achosodd hynny nid oedd yn od iddi fod yn
ofalus a dweud nad oes byth eisiau dau enllyn ; hynny
yw, nid oes angen cig moch a menyn ar yr un pryd.
Weithiau byddai un ohonom yn dechrau swagro a dweud
rhywbeth digywilydd efallai; yr oedd ganddi bum wyres
yn eu harddegau ar yr un pryd ac y mae'n debyg ein
bod, yn ôl arfer glasferched, yn medru bod yn ddigon
anniddig a dreng, ac ar adegau felly byddai Nain yn
dweud : "Mae honne'n dechrau clywed ei baw yn
drewi". Ni allaf feddwl am well dweud !

Cymeriad arall a gofiaf yn dda yw Tomi'r gwas.
Medrai actio Hitler. Yn wir edrychai yn debyg iawn i
Hitler o ran pryd a gwedd. Yn sydyn wrth y bwrdd
bwyd neu ar yr aelwyd neidiai Tomi a dechrau gweiddi
a'i fraich yn p'ledu'r awyr, ac âi drwy berfformiad angh-
redadwy o wallgofrwydd mewn iaith hollol annealladwy.
Caem fraw ein bywyd a byddai 'sgrialu tan y bwrdd,
tu ôl i'r llenni neu i fyny'r grisiau ar ein pedwar dan
sgrechian. A Nain yn dweud y drefn : "Peidiwch
â 'chrynu'r plant 'ma" a f'ewythr Hywel, brawd fy Mam,
yn chwerthin nes yr oedd yn sâl fel ci. 'Wn i ar wyneb y
ddaear beth a ddywedai Tomi yn ei druth oherwydd

prin oedd ei Saesneg a phrinach ei Almaeneg. Cabalaj eneiniedig oedd y cwbl. Er yr hwyl a gâi wrth godi dychryn arnom, cymeriad addfwyn a charedig iawn oedd o. Byddai'n edifar ganddo yn syth wrth weld ein dagrau a dywedai : "Hwde, cymer fenthyg hwn." A dyna sut y deuthum yn gyfarwydd â *Llyfrau Pawb*, y gyfres honno a argraffwyd yn ystod ac yn syth wedi'r Rhyfel. 'Roedd casglaid llawn ohonynt gan Tomi ac y mae dau ohonyn nhw, a'i enw arnynt, ar fy silffoedd heddiw am ryw reswm (mae'n rhaid fy mod wedi'u dwyn) sef *Hen Arwein-wyr Eisteddfodau* a *Y Dyn a'r Gaib* gan T. E. Nicholas. Yn ei lofft yr oedd ganddo silffaid dda o lyfrau a dyna pryd y darllenais *Dial y Tir*, *Y Goeden Eirin*, *William Jones*, a cholli dagrau'n lli uwchben *Creigiau Milgwyn*. Do, mi gefais addysg yn nhŷ Nain.

Na, nid hen wreigan lwyd yn y gornel oedd fy Nain ond boneddiges landeg, lanwaith a diwylliedig. Rhodd-odd lawer o anrhegion inni a chafodd cannoedd groeso ar ei haelwyd ar hyd y blynyddoedd gan gynnwys dau gardotyn, Dick Dunn a Llwyd y Gwrych, a chaent de trampyn ganddi, sef pinsied o de mewn cwpan. "Diolch yn fawr, misus," ebe nhw a'u bys yn cyffwrdd eu hetiau bwgan brain cyn diflannu am ryw fis neu ddau. Ac ebe hithau :

> O ! na bawn i'n gi . . .
> Bwyta a ffwrdd â fi.

Weithiau dywedai :

> O ! na bawn i'n fochyn . . .
> Bwyta llond fy mol
> A gorwedd dan y drol
> I gysgu wedyn.

Dynes garedig a llawen oedd hi ac yr oedd yn hen bryd i rywun dalu teyrnged iddi. A dyma fi wedi gwneud.

Mi wn ei fod yn waith chwyslyd a chaled. Mi wn bod
pob amaethwr a'i wraig yn gorfoleddu pan ddaw i ben.
Er hynny, rhaid cyfaddef fod arnaf hiraeth am y cyn-
haeaf hen-ffasiwn, yn y dyddiau hirfelyn tesog hynny.
A dyna arwydd pendant fod crafangau canol-oed yn
dechrau cydio ; ond wir-yr, yr oedd yr hen hafau yn
rhai braf !

Mae gen-i frith gof am gario ŷd a gwair efo ceffylau
pan oedd y wagnar yn ddyn pwysig ar y fferm. Ac mi
wn i sicrwydd i un o'm hewythrod hiraethu weddill ei
oes am ddyddiau tawel y ceffylau er gwaethaf yr oriau
hirion. Wedi'r cwbl, ar ôl diffodd y tractor nid oes angen
ei gribo a'i fwydo a pharatoi ei wely. Ie, mi wn y gall
tractor nogio ac ystyfnigo a bod arno yntau angen olew
a thipyn o anwes ond yr oedd gofalu am wedd o geffylau
a thrin y tresi ac iro'r strap gengel a'r dindres a'r bontin
yn waith llafurus. Rhaid oedd ymorol fod y goler a'r
mwnci a'r 'strodur yn lân ac yn esmwyth. Ac mor
bwysig y teimlai'r bechgyn pan gaent dywys y wedd am
y tro cyntaf. A theimlent yr un mor bwysig wrth gael
gyrru'r tractor am y tro cyntaf ; 'dyw traddodiad a
rhamant yn golygu dim i fachgen ar 'i dyfiant.

Dda gen-i mo geffylau ! Rhedwn fel miliast os edrychai
ceffyl arnaf a ffroeni'n uchel. Ac ni roddwn droed
mewn cae os oedd ceffyl o fewn canllath. Maent yn
greaduriaid mor enfawr a'u carnau mor nerthol a'u gwe-
ryru yn codi chwys ar fy ngwar. Lawer gwaith y cyr-
haeddais yr ysgol yn hwyr oherwydd gorfod rowndio
filltiroedd i osgoi stalwyn glaswyn y Plas. Ac ni chyfa-
ddefais erioed am fod arnaf ofn crechwen y plant eraill.

Felly nid yw'n edifar gennyf weld ceffylau wedi diflannu
o'r fferm. Am yr awyrgylch yr hiraethaf.

Y cynhaeaf gwair oedd gyntaf. Clywem sŵn prysur
hogi pladuriau a'r injan wair yn ymddangos o berfeddion
yr hofel. Fel y dywedid : Os na chwysi wrth hogi mi
chwysi wrth dorri. Yna'r gwaith tor-cefn o agor efo
pladur er mwyn cael lle i'r injan dorri'r wanaf gyntaf.
Yn ôl ac ymlaen, gylch ogylch, gan adael gwaneifiau
cyfartal. Gweddïo am sychn i'w aeddfedu'n grimp, yna
yna rhencio a'r gribyn lefn fel croen porchell yn llithro
drwy'n dwylo. Dyna pryd y deuai'r merched i'r cae yn
ffedogau i gyd i gynorthwyo gyda'r dasg nesaf sef
gwneud cociau twt. Yr oedd hyn yn artistwaith
oherwydd yr oedd sylfaen lydan a thaclus yn bwysig
a chap crwn am ei ben. Dylent felly ddal dŵr a chor-
wynt. Mewn ardaloedd mwy mynyddig neu mewn
gweirgloddiau llaith adeiledid heulogod oedd yn debyc-
ach i deisi bychain.

Gyda lwc deuai diwrnod mawr y dechrau cario. Trol
neu wagen gyda chlwydi pwrpasol, a elwid gennym yn
olegyfanne, yn gadael y buarth yn urddasol a'i llond o
blant yn arfog dan bicffyrch a'r cŵn yn synhwyro'r
cyffro ac yn carlamu ar ein holau gan gadw llygad
gofalus ar garnau'r ceffylau. Llwytho. Chwysu. A'r
aroglau melysaf yn y byd yn ein meddwi. Yna llwyth
enfawr yn eliffantio'n ofalus i'r gadlas. Teimlad braf
oedd "cael" y cae ac ar y diwedd wrth gribinio a lloffa
teimlem yn fodlon hollol ar ein byd. Weithiau, gwaetha'r
modd, collid darn helaeth o'r cnwd o achos tywydd
drwg ac nid oedd wiw cario gwair i'r das nac i'r daflod
os oedd yn wlyb, am ei fod yn beryg' o dwymo ac achosi
tân. Yr arwyddair oedd : Gwell tail yn y cae nag yn y
gadlas.

Cyn hir byddai'n amser dechrau ar yr ŷd ; ei agor
a rowndio, gafra a chodi 'sgubau. Hoffem ddilyn y
beindar a gweld y carped melyn yn teithio ar draws y
llwyfan cyn dringo'n esmwyth ddi-ddianc at y peiriant
rhwymo ; cortyn sydyn am ei wasg, cwlwm celfydd,
cyllell angeuol yr olwg arni'n saethu allan ac yn torri'r
mynnod, a llafn tebyg i bendil glanhau ffenest y car
yn troi ac yn taflu'r ysgub orffenedig i'r llawr. Gan
amlaf byddai popeth yn gweithio "fel injan" ond ambell
dro, yn enwedig os oedd yr ŷd ar lawr neu'n llawn
ysgall, byddai'r cwbl yn constro a byddai bloedd enfawr.
Yr oedd yn dasg anodd i ddatod y 'smoneth pan fyddai'r
beindar yn tagu.

'Does olygfa harddach na chae o wair neu ŷd yn
tonni yn yr awel cyn ei ladd. Ond marw i fyw y mae ;
nid yn unig i borthi'r anifeiliaid ond hefyd i ddarparu
gwellt a manus a pheillied a bara. Cylch bythol neitro-
gen. A dysgem y wers honno yn y crud wrth ganu :

> Tu ôl i'r dorth mae'r blawd,
> Tu ôl i'r blawd mae'r felin
> Tu ôl i'r felin, draw ar y bryn,
> Mae cae o wenith melyn.

Gwaith lluddedig oedd codi ysgubau a rhaid oedd
eu gosod fel cestyll cyfartal yn wythawdau neu'n chwech-
awdau. Ac nid gwaith i newyddian oedd, oherwydd
os na fyddent yn gorffwys yn iawn ar ei gilydd, cwympo
a wnaent fel brechdannau. Âi si drwy'r ardal ein bod
yn dechrau cario a heidiai plant o bob cyfeiriad gyda'u
picffyrch a'u caniau o laeth enwyn neu ddiod dail.
'Roedd rhai o'r llanciau yn gryfion fel llewod ac yn
dangos eu hunain wrth lwytho fforchaid a 'sigai lawer
codwr pwysau ! Ar y llwyth byddai'r llwythwr yn chwys
domen yn gosod pob ysgub yn ofalus yn ei lle er mwyn

creu llwyth cyfartal a disigl, ac yn gweiddi : "Brig ym-
laen" pan gâi datsied yn ei wyneb gan goesau pigog
oddi ar bicfforch pitsiwr dibrofiad. Byddai gweiddi a
chablu os digwyddai i lwyth droi neu ddechrau gwegian
a'r llwythwr druan yn dalp o anesmwythyd wrth weld
ei gampwaith yn simsanu dano.

Hawdd yw mynd i ramantu gan anghofio'r anfanteis-
ion a ddoi yn sgîl y cynhaeaf. Un o'r pethau casaf
gennyf oedd y col haidd oedd yn cosi ac yn pigo ac yn
mynd o dan ein dillad ac i lawr ein gyddfau. Cas beth
hefyd oedd 'sgryffinio ein coesau noethion yn y sofl ;
erbyn amser noswylio byddai'n llosgi ac yn ysu. Mor
ffodus oedd y dynion a'r bechgyn a'u llodrau ; yr oedd
merch mewn trowsus islaw sylw onibai ei bod hi'n per-
thyn i fyddin y *land-girls*. Caent hwy faddeuant am mai
gwisgo ffurfwisg yr oeddynt ! Cofiaf hefyd ing y llosg-
haul yn ffrwtian ar f'ysgwyddau a'r sgrech pan fyddai
Mam yn taenu calomein oer arno. Cofiaf hefyd y strae-
nio wrth geisio codi gormod wrth bitsio ac wrth ddadl-
lwytho. Chwedl Nain : Côd di, mi wnaf innau duchan.
Erbyn hyn fe wyddom fod codi pwysau o'r fath ym
medru amharu ar du mewn merched, a thelais y pris.

Dadlwytho a thasu a chau, cribinio a rhowlio, dyna
a fyddai, nes bod y caeau i gyd yn wag a'r ysgub olaf yn
cael ei thaflu i'r awyr a'i chario i'r gadlas ar wahân. Yn
ddiweddar darllenais am arferion y gaseg fedi yng
Ngheredigion ond nid oedd seremoni gennym ni heb-
law rhyw floedd flinedig. Y llawenydd mwyaf oedd
medru dweud ein bod wedi cael yr ŷd a hyn oedd y
testun sgwrs ym mhob siou a marchnad a chyntedd
capel.

'Roedd blas cryf ar y llefrith ar ôl troi'r gwartheg i'r
adladd a byddent hwythau yn rhampio drwy'r giât a
rhyw reddf yn dweud wrthynt fod porfa fras yn eu haros.

Tua thri o'r gloch byddai llygad pawb yn cyfrwys-
edrych ar yr haul gan farnu ei bod yn hên bryd cael te
a phawb ar dagu o eisiau 'paned. A thoc gwelem Mam
yn dŵad dros y gamfa a basgedaid o ddanteithion ar ei
braich a thun o de yn ei llaw. Braf fyddai swatio dan
goeden ganghennog neu yng nghysgod yr ysgubau a
llawcio brechdanau a tharten a sgons. A galwynni o
de llaethog, melys. Gwelsoch chwaraewyr rygbi yn def-
nyddio'u sodlau i dolcio lle i osod y bêl. Felly yn union
ninnau yn chwilio am nyth tebyg i osod ein cwpanau.
Rhaid oedd bod yn ofalus iawn rhag cael ein colio ar
ein tafodau fel yr heidiai'r gwenyn meirch i'r jam a'r
ffrwythau ond nid oedd neb yn malio dim am yr holl
wybed a foddwyd yn y te yn ei nyth. 'Doedd dim pwrpas
bod yn fisi a thywallt a phoeri oherwydd 'roedd ein
syched yn drech na'n cysêt. Ceir dywediad yn Swydd
Gaerhirfryn fod rhaid i bawb fwyta pecaid o faw cyn
marw. Mi 'rydw-i wedi gwneud. Llyncais lawer pry'.
Gwn fod ystyr arall i'r frawddeg olaf yna ; ond awn ni
ddim ar ôl y stori honno rwan.

SEFYLL AR BEN LLIDIART

Diwrnod mawr a phrysur arall ar y fferm oedd hel
defaid, a byddem yn edrych ymlaen at yr amgylchiad.
Rhyw greaduriaid digon hurt ydy' defaid ond mi allant
achosi llawer iawn o waith i'r bugail. Band undyn oedd
fy Nhad yn nyddiau cynnar ei yrfa amaethyddol ac am
hynny yr oedd yn gorfod bugeilio yn ogystal â chyflawni
holl dasgau eraill y fferm. Ond yr oedd ganddo ddigon
o gymorth wrth law yn ei bedwar plentyn, yn egr os nad
yn ddethe, a phan ddôi'r alwad : Ol hans on dec ! i
ffwrdd â ni â'n llygaid yn pefrio.

Rhaid oedd cadw llygad gofalus ar y praidd, yn
arbennig amser geni ŵyn ac yn ystod tywydd poeth.
Yr oeddem yn effro bob amser am unrhyw arwydd o
drafferth ym mysg y ddiadell. Os gwelem ddafad yn
benisel, yn ysgwyd ei chynffon yn ysig ac yn pwyo'r
ddaear, rhaid oedd i 'Nhad fynd i'wg weld ar unwaith.
Fel arfer y broblem fwyaf yn yr haf fyddai'r cynrhon
ac yr oedd yn bwysig ein bod yn cael gafael ar y ddafad
druan mewn pryd er mwyn tocio'i chynffon a rhoi gwlydd
drewllyd ar y briw i ladd y pryfed atgas.

Cofiaf yn dda fynd efo 'Nhad ar ei rownd. Cerddai'n
bwyllog a'i ffon fagl yn ei law a'r ci wrth ei sodlau a
medrai weld ymhell a ffroeni unrhyw ddrwg trwy reddf,
bron. Defnyddid y ffon i ddidoli a chornelu. Fe'i
clywaf yn bloeddio ar y ci druan pan fyddai hwnnw yn
hysio gormod ac ambell dro byddai ci ifanc yn setlo'i
ddyfodol pan ddywedai 'Nhad yn wyllt: "Tydio ddim
yn werth ei luchio. Ty'd yma ! Gorwedd." Cofiaf yn
dda am un ddafad annisgybledig a lys-enwyd gennym
yn Ddafad Bisibodi. Byddai â'i thrwyn ym mhopeth,

yn gweld pob adwy cyn iddi agor, yn twyllo'r ci, ac yn
wyllt fel mellten. Yr oedd mwy yn ei phen na'r un o'r
lleill ac yr oedd bron yn amhosib' ei chorlannu. Un
bore, yn ei gynddaredd, taflodd fy Nhad ei ffon ati a
a disgynnodd yr hen gyfeilles yn gelain. Rhyw bedair
oed oeddwn ar y pryd a chofiaf y syndod a'r distawrwydd
a ddaeth dros y wlad. Mae mistar ar Mistar Mostyn
ond nid oeddem wedi breuddwydio am ei hangau di-
symwth.

Yn ôl John Edwards yn ei lyfr *Meddyg Anifeiliaid* a
gyhoeddwyd ym 1816 yr oedd defaid mynydd Cymru
yn enwog am eu cryfder a'u hiechyd. Ond er hynny
rhaid oedd i'r ffermwr fod yn ofalus rhag y clwy coch a'r
clwy du, y bendro a'r clwy clustiau, ysgothi, braenedd
a'r clafr, yr ongol a'r pryf. Peth od yw dafad â'r bendro
arni a chofiaf hefyd weld rhai yn dioddef gan ddallineb
yr eira ac yr oedd y braenedd neu'r rot yn broblem
ddyrys i ddefaid y tir isel, gwlyb. Y ffisig, yn ôl John
Edwards, oedd banadl wedi'i ferwi mewn galwyn o ddŵr
efo pedair owns o sunsur ; ei hidlo ac yna ychwanegu
spirit o nitr a'i botelu ac yna rhoi pedair llwyaid i'r
claf yn ddyddiol. Dyna i chi drafferthus ! Y mae'n
amlwg mai dyna a wnâi fy Nhaid ar ochr fy Nhad, sef
Benjamin Jones, Gwrych Bedw, oherwydd y mae'r llyfr
yn llawn o nodiadau yn ei ysgrifen hardd ef. Ond
rhyw stwff du, drewllyd, a gofiaf yn cael ei daenu ar eu
carnau, yn ogystal â pheri iddynt gerdded drwy faddon
arbennig. Ni allaf gofio beth a ychwanegid at ddŵr y
baddon hwnnw.

Cofiaf weld defaid yn cael eu trin, eu traed, eu carnau,
eu clustiau a'u cynffonnau. Gwaith budr oedd trin
cynffonau defaid, yn arbennig mewn tywydd drwg, a
chodai cryndod arnom wrth weld cnawd ambell i grea-
dures yn symud dan gynrhon. Wedi darfod y driniaeth

a rhyddhau'r ddafad oddi rhwng y ddau benglin, safai'n
syn am eiliad neu ddau, ac yn sydyn sylweddolai ei bod
wedi cael rhyddid a rhoddai naid anghredadwy. Gallai
hon fod yn naid nerthol. Neidiodd un ar draws fy Mam
un tro a pheri iddi dorri ei choes a bu yn ysbyty Gob-
owen am wythnosau. Felly, mae gofyn cadw llygad ar
ddafad.

Byddai'r pedwar ohonom yn sefyll ar farrau giât y tu
allan i'r sied ddefaid yn llygaid i gyd, yn colli dim un
symudiad, fel gwenoliaid ar wifren deligraff. Gwyliem
bob ystum a phob 'sgrialu, torri cynffonnau ŵyn bach,
pob doctora a phob symudiad o'r wellaif, hyd y swydd
olaf un sef gosod y llythyren "A" yn byglyd ar ei chefn.

Ambell waith byddai mamog yn trigo gan adael oen
yn amddifad. Os byddai mam arall wedi colli ei hoen
'roedd y broses yn un weddol ddidramgwydd a byddid
yn blingo'r oen marw gan roi ei groen ar gefn yr oen
byw, amddifad, a'i roi i'r ddafad alarus. Byddai hithau
yn ei arogli'n amheus a'r rhan amlaf câi ei thwyllo a
derbyniai ei phlentyn maeth yn ecstatig. Dro arall
byddai rhaid magu'r oen amddifad o gwmpas y tŷ ar
botel ac yr oedd cael rhoi llymaid i'r oen llywaeth yn
dasg ddirwgnach oherwydd yr oedd ei frefu crynedig
wrth ein clywed yn galw, a'i gynffon ysig wrth lowcio,
yn ddigon o wobr. Medrai oen llywaeth fod yn ddigon o
boen wedi dechrau tyfu ; byddai'n pwtian ac yn dod ar
ruthr rownd corneli ac yn torri 'mewn i bobman ac yr
oedd yn arferiad rhoi iau am ei wddf i'w rwystro rhag
ymwthio drwy wrychoedd a chlwydi.

Un tro cawsom fagu perchyll llywaeth. Byddai 'styrio
pan sylwid fod yr hwch wedi clwyfo, hynny yw, wedi
dechrau ar y broses o esgor. Ganol nos y byddai hyn yn
digwydd gan amlaf ond byddid wedi sylwi ei bod yn
anesmwyth oriau cyn hynny, a rhaid fyddai codi, goleuo

lampau a bydwreica yn y cwt. Hen ddywediad gennym
oedd : Tri mis a thair wythnos a thri diwrnod a gwyl-
iwch yr hwch ! Dyna'i chyfnod beichiog. Nid oes grea-
duriaid ffyrnicach na hychod gyda thorllwyth newydd.
Y tro hwnnw pan gawsom borchell llywaeth, banwes
ddibrofiad oedd wrthi a phob tro y byddai un bychan
wedi'i eni ysgythrai iddo a phlannai ei dannedd
melyn yng nghorn ei wddf a'i hyrddio yn erbyn y wal.
Lladdodd gryn wyth ohonynt cyn i'r ffariar roi chwis-
trelliad i'w thawelu a bu raid magu'r gweddill ar botel.
Buont yn swatio o flaen y tân am ychydig a chofiaf sŵn
eu traed ar leino'r gegin. Y peth doniolaf a glywsoch
erioed oedd trotian y traed bach a swniai fel cenllysg
ysgafn. Yr oedd eu crwyn fel eirin gwlanog a'u safnau
yn siâp perffaith wrth sugno'r botel yn ddianadl, farus.

Esgus arall i sefyll ar ben giât oedd i gael gweld tor-
llwyth newydd sbon yn cael eu cinio. Rhesaid ohonynt
yn sugno nerth crwmp ac yn rhochian yn fodlon yn y
dafarn lefrith. Rhaid oedd bod cyn ddistawed â llygod
wrth eu gwylio gan fod unrhyw sŵn sydyn yn eu braw-
ychu a byddent yn saethu i bob cyfeiriad blith-draphlith
gan ffrwtian a thisian. Ond yn fuan byddent yn dod i
'nabod ein lleisiau fel y galwem : Gis Gis a rhincian
bwcedi.

'Doedd mynd â llith i'r llo ddim yn gymaint o hwyl.
Mae llo yn ymddwyn fel llo, ac yn gryfach, yn fwy
esgyrnog a dieneiniad nag oen na mochyn, ac nid oeddwn
yn rhy hoff o gael fy mhwtian ganddo nes byddai'r
bwced a'i thraed i fyny a'r llith yn gymysg â'r piswail a
'nghrimogau yn cleisio. Peth hawdd yw gwylltio efo llo.
Gall edrych mor hurt a diniwed. Cofiaf am her-unawdwr
mewn eisteddfod fechan yn y wlad ryw dro ac ar ganol
ei berfformiad gwaeddodd rhywun o'r gynulleidfa: "Cer'
adre'r llo." Dyma'r arweinydd yn codi gan ddweud :

"Pwy alwodd y canwr yn llo ? " Yr ateb a gafodd oedd :
"Pwy alwodd y llo yn ganwr ?"

Mae'r ffermwr yn gaeth i'r tymhorau ac i fympwyon
ei anifeiliaid ; yr heffer heb fwrw'i brych, y fuwch wedi
taflu'i llo, y brain wedi tynnu llygaid yr ŵyn a'r hwch
wedi ymosod ar yr hog datws. Ond yr oedd bywyd
plant y ffermydd yn rhyddid pur a rhywbeth newydd
yn digwydd yn feunyddiol, y gog wedi cyrraedd a'r
cywion wedi gori, y cathod wedi agor eu llygaid a'r
fuwch wedi dod â llo. Y gwenith a'r haidd, yr afalau
a'r maip, y gwair a'r ysgawen yn aeddfedu rownd y rîl.
O droad y rhod i droad y rhod.

"Hwre ! Mae'r cywion wedi cyrraedd! " Cant o gywion diwrnod oed o Ddyffryn Aur ; dyrneidiau bach manfelynblu yn trydar bymtheg yn y dwsin a'u llygaid bach sarffog yn eich astudio yn ddi-feddwl-ddrwg. Faint o'r cant fyddai'n dal yn fyw ymhen pythefnos oedd gwestiwn oherwydd medrant fod yn adar bach tejws iawn. ("Beth ar y ddaear ydy' *tejws* ?" meddech chi ? Wel, gair Dyffryn Clwyd am *touchy* !) Tyfent fel madarch a hyllio yn y broses. Bwrient eu manblu a thyfent adenydd cwilsid a byddai rhaid eu tocio neu mi ddiflannent mewn cwmwl i'r pellter ! Ond y swydd gasaf gen i oedd hel y cywion. Aem allan i'r gwyll yn y barrug i'w casglu o'r caeau lle byddent yn clwydo ar y coed ysgaw. Gafael ynddynt gerfydd eu coesau heglog a'u darn-lusgo i'r cytiau a'u cau i mewn rhag llwynogod a ffwlbartiaid a hwythau'n protestio bob cam o'r daith. Holltid y gwyll gan eu clochdar byddarol a llwch myglyd a phlufiach yn codi'r hych arnom. Gwir y gair mai'n ara' deg mae dal yr iâr.

A yw pawb yn cofio'r troeon y cawsant fai ar gam tybed ? A yw wedi'i serio ar eich eneidiau ? Os nad yw, yna mae'n rhaid 'mod innau'n fwy tejws na'r cyffredin !

Cofiaf un peth sy'n gysylltiedig â'r cywion. Yr oedd Helen, fy chwaer, yn rhyw ddwyflwydd oed, a minnau, felly, yn tynnu at y saith. Un noson agorodd rhywun y cŵp a gadael y cywion allan. Daeth cwestiwn uwch y brecwast ; "Pwy adawodd y cywion allan?". "Y FI, " ebe fy chwaer, fel bwled o wn. Ond ni chredodd neb mohoni am ei bod yn rhy fechan ! Myfi a gafodd y bai

a'r bregeth. Mae'r peth yn dal fel clais. Nid fi a wnaeth,
felly mae'n *rhaid* mae arni hi yr oedd y bai !

Mwynheais bob eiliad o ysgol. A bûm mewn tair.
'Sgrifenais rai blynyddoedd yn ôl am y Goeden Ddu a
Chors Maerdy a'r hwyl di-ben-draw yn yr ysgol gyn-
radd mewn pentre yn Edeyrnion. Oddi yno euthum i
Ysgol Merched y Bala lle darganfûm ryfeddodau a
chyffro bythgofiadwy y gynghanedd a *Deian a Loli*, Lla-
din a Hanes Cymru, pêl-rwyd a gwersi athrylithgar cer-
ddoriaeth gyda Llywela Roberts. A hefyd, rhaid cyf-
addef, stryffig arteithiol mathemateg. Yna i Ysgol Bryn-
hyfryd, Rhuthun, a darganfod dileitiau ysgol gymysg a
llyfrgell, cyfeillion newydd ac athrawon gwrywaidd yn
ogystal â chrechwen plant y dref oherwydd fy Saesneg
aflithrig. Nid oeddwn erioed cyn hyn wedi cael sgwrs
â neb yn yr iaith Saesneg. Yr oedd fy Saesneg ysgrifen-
edig bron yn berffaith ond yr iaith lafar yn garbwl
iawn.

Er difyrred y dyddiau ysgol cofiaf ddau dro pan deim-
lais i mi gael bai ar gam. Yn yr ysgol gynradd yr oedd
yn arferiad i dalu pres cinio i'r athrawes ar fore Llun ;
os nad yw 'nghof yn pallu, wyth geiniog oedd y pris i
blentyn hynaf. Cofiaf 'gliried â'r dydd dalu un bore a'r
athrawes yn rhoi'r arian ym mhoced ei ffedog. Yn
ddiweddarach yn yr wythnos, pan ofynnodd i mi am
f'arian, edrychais arni yn wirion gan haeru fy mod wedi
talu eisoes. Daeth llythyr adre.

Aeth y frawddeg gyntaf drwof fel llafn : "Dychmygwch
fy syndod . . ." ebe hi. Cefais bryd tafod bythgofiadwy
a 'nghyhuddo o wario'r pres yn y siop fferins. Wnes i
mo'r fath beth, ar fy ngwir. Ond 'chredodd neb mohonof.
Gwn hyd y dydd hwn i'r athrawes wneud camgymeriad
ac y mae'r peth yn dal i frifo. Heblaw am hynny yr
oedd hi'r athrawes orau a welais. Ni fethodd neb â

dysgu darllen ac yr oedd ganddi ddawn dweud stori.
Caem ein hudo gan hanes Cyw-Byw a'r Cawr Triphen,
Briallen ac Ifor Hael. Y llyfrau a ddarllenem gyda hi
oedd y gyfres *Darllen a Chwarae* a *Chwedl a Chân*. Dysgem
gerdd dant a hwiangerddi, llysieueg a gramadeg,
pwytho a hanes.

Cyrhaeddais yr ysgol yn hwyr un tro a dywedais wrth
yr athro : "Sorry, sir, I lost the bus." Gwnaeth hwyl am
fy mhen. Gwawdiodd fi o flaen y dosbarth gan ddweud
yn goeglyd mai *miss* oedd y gair cywir, ac am imi ddech-
rau dysgu peidio â chyfieithu'n llythrennol o'r Gymraeg.
Y peth sydd yn fy nghythruddo yw fy mod wedi clywed
yr ymadrodd *lost the bus* ugeiniau o weithiau er hynny
gan Saeson uniaith. Felly nid wyf yn credu fod yr
ymadrodd yn un anghywir. Do, cefais fai ar gam !

Mae'n beth ffasiynol y dyddiau hyn i feirniadu addysg
ac athrawon a chawn ein p'ledu o bob cyfeiriad. Credaf
mai un o arwyddion cyntaf ardal yn Seisnigo yw dechrau
israddio athrawon yr ardal. Nid yn unig y mae rhieni,
ond hefyd bapurau newydd, yn rhemp ; mae hyd yn
oed bapur cyfrifol fel *Y Cymro* yn euog o'r tanseilio hwn.
'Fedrwn i erioed fod wedi dygymod â chlywed f'ath-
rawon yn cael eu coll-farnu, eu rhegi, eu dirmygu, yn
fy nghartref nac yn y gymdeithas. Fuasai hynny ddim
wedi rhoi cefnogaeth na ffydd i mi ; yn hytrach 'roeddwn
yn barod i hanner addoli llawer ohonyn' nhw ac yn
credu eu bod yn anffaeledig. Sut y medraf feddwl am
yr hen brifathro yn ysgol Gwyddelwern yn cael ei dan-
seilio a'i sarhau gan ddynion-papur-newydd yn ceisio
stori dda ? Lewis Davies oedd ei enw, dyn â pharch
annhraethol iddo, ac a elwid ar lafar yn Sgŵl Coch
oherwydd lliw ei wallt. Gan mai cochen wyf innau yr
oedd y ddau ohonom dan fantais ! Yr oedd ganddo
gwpwrdd enfawr yn ei ystafell yn llawn dop o lyfrau

yn y ddwy iaith a mraint innau oedd cael sefyll ar ben
cadair cyn mynd adre bob nos a chwilota drwyddo'n
orffwyll. Darllenwn bob cam adre. Ymdoddwn yn
llwyr yn yr hanesion, *Mêt y Mona*, *Luned Bengoch*, *Tro
Trwy'r Wig*, *Ynys y Trysor*, *Taith y Pererin*. Poenais am
Lio Plas y Nos, llamodd fy nghalon gyda *Madam Wen*,
crefais fy mhen uwch dirgelwch Ynys Gain ac wylais
yn hidl pan ddiflannodd Eiry fach Nantoer. Meddyliaf
ambell dro (ond nid yn aml chwaith !) fy mod i yn
blentyn od ; a yw plant wyth mlwydd oed heddiw yn
darllen cofiant Puleston Jones a Hanes Methodistiaid
Dyffryn Clwyd ? Efallai . . .

Ac y mae hyn yn f'atgoffa am dro arall y cefais gam.
Gwrthodai fy Nhaid â chredu fy mod wedi darllen *Taith
y Pererin* mewn un noson. Cyfieithiad Tegla Davies oedd,
a hoffwn pe bai gen i gopi ohono. Dadleuais yn dwll.
Dechreuwyd fy holi a medrwn ateb ; onid oeddwn wedi
creu darluniau yn fy meddwl o bopeth yn y gyfrol ?
Cors Maerdy oedd Cors Anobaith, Ffair Fawrth Corwen
oedd y Ffair Wagedd, a gwell i mi beidio dweud pwy
oedd Apolyon, gan ei fod yn dal yn fyw, ac ni werth-
fawrogai'r gymhariaeth ! Myfi fy hun, pwy arall, oedd
yr arwr, Cristion ei hun, ac euthum drwy gyfnod o
eisiau bod yn genhades. A chrwydrai fy Nhaid y wlad
gan sôn am ei wyres a'i bryd ar Fryniau Casia. Druan
ohono !

Un llyfr 'rwy'n ei gasau â'm holl galon yw *Wind in
the Willows*. A hynny am reswm afresymol. Yr oedd
hwn yn llyfr gosod yn fy mlwyddyn gyntaf yn yr Ysgol
Ramadeg. Fe'i darllenid yn uchel inni unwaith yr
wythnos yn y wers Saesneg. Eglurais eisioes mai prin
iawn oedd fy ngwybodaeth o'r iaith honno yn unarddeg
oed. Diflannodd fy nghopi o'r gyfrol. Bu raid i mi dalu
amdano a chael pryd o dafod am fod mor ddi-lun, yn

ogystal â gorfod gwrando ar yr hen beth syrffedlyd heb
fedru dilyn y geiriau ar glawr. Yr oedd fel Groeg. Ymhen
y flwyddyn daeth y llyfr i olau dydd yn ystafell yr
athrawon a chefais ymddiheuriad ond dim *rebate* !

Yn wir, mae meddwl am y pethau hyn na soniais
amdanynt wrth neb ers blynyddoedd, yn fy nigalonni,
ond cyn i mi lwyr ymgolli mewn hunan-dosturi, y mae'n
rhaid i mi gael gwared ag un peth arall. Hwn oedd y
cam mwyaf erioed. Efallai y medraf anghofio ar ôl ei roi
ar bapur ! Un flwyddyn yr oeddwn yn cystadlu mewn
Gŵyl Ysgol Sul pan oedd capeli'r Henaduriaeth yn
ymladd am y Darian. Enillais farciau am adrodd, canu
penillion, cân werin, adrodd darn o'r Ysgrythur, ysgrif
a thelyneg. Pan ddaeth yr wythnos ddilynol bu rhuthr
i weld yr adroddiad yn y papur lleol. Nid oedd sôn o
gwbl am f'enw i. Yr oedd enw'r buddugol ymhob cys-
tadleuaeth yr enillais arni wedi'i adael allan. 'Allai
hyn ddim bod yn gyd-ddigwyddiad nac yn gythrel y
wasg. Rhyw gythrel arall, mae'n amlwg. Ni wn hyd
heddiw pa un ai malais ynteu genfigen a fu wrthi. Mewn
difrif calon, onid oedd hyn yn beth creulon i'w wneud
i blentyn deuddeg oed ? Anfonwyd llythyr ar fy rhan gan
y gweinidog i ysgrifennydd yr Ŵyl ac i'r papur lleol
(nas enwaf) ond ni chafwyd ateb. Do, mi deimlais i'r
byw. Os yw'r troseddwr yn darllen hwn gall deimlo'n
falch iddo beri loes anghyffredin i blentyn. Mae'n dda
nad euthum yn genhades oherwydd nid yw wedi cael
maddeuant !

Dywedai fy Mam bob amser fod fy ffynnon i yn agos
i'r wyneb. Efallai mai dyna pam yr wyf yn cofio'r
adegau pan gefais fy mrifo er nad oeddynt yn golygu
dim byd i neb arall.

Teimlaf yn well rŵan !

'Roedd gennym ffordd bell i'w cherdded i'r capel ;
rhyw dair milltir fwy neu lai. Croesem Fynydd y Cwm
lle bu fy Nhad am wythnosau, os nad misoedd, yn adei-
ladu ffordd yn y dull Rhufeinig gan gloddio ffosydd
dyfnion a'u llenwi â cherrig trymion a tsipins a gwedd-
newid yr hen ffordd drol yn heol lle medrid gyrru
modur ar ei hyd. Cyflawnodd wyrth ac ni fuom mor
anghysbell byth oddi ar hynny. Wedi croesi'r mynydd
yn swn y gylfinir a'r gornchwiglen, troi i'r dde wrth
Gornel y Sipsiwn a Chamfa Gwrych Bedw a'r stand
laeth a dilyn y ffordd dyrpeg oedd yn gysgodlyd, ddiog,
dan gloddiau o fafon duon a chochion, gwyddfid a chyll,
llecynnau dan y coed yn wledd garpedog o glychau'r
gog a blodau'r gwynt, y campion coch a rhedyn, bysedd
y cwn a chlychau'r eos, yn gynfas symudliw yn yr awel.
Caem hwyl wrth ddal bysedd y cwn rhwng dau fys
gan ofalu'i fod yn llawn o wynt ac yna'i glecian yn
gelfydd a gofalem beidio cyffwrdd yn y campion coch
gan fod hwnnw'n achosi storm o fellt a tharanau.
Byddem hefyd yn osgoi poer y gog. Rhoddai hwnnw
ryw deimlad aflan inni er na wyddem ar y pryd ei fod
yn llawn o fân bryfetach.

Os byddai Mam yn cerdded efo ni byddai hi'n llawn
o hanesion a ffraethineb. Yr oedd rhyw ddyn, ebe hi,
ag atal-dweud arno yn croesi mynydd gyda'i fab bychan.
Gofynnodd y mab iddo : "Be' ydy' nacw ?" Ac ebe
yntau : "Rhed . . . rhed . . . rhedyn." ond erbyn
iddo orffen dweud yr oedd y plentyn wedi'i gwadnu hi !
Chwarddem bob tro.

Wedi coluro ein hwynebau â mafon coch a duon

ac addurno ein dillad gyda breichledau a chadwyni o
gaca-mwci nid oeddem yn ffit i'n gweld mewn na chapel
nac eglwys. Ond rhaid oedd brysio ymlaen heibio llyn
y Cwm, i fyny'r allt, a'r gwrychoedd yn drydar i gyd,
ac yna heibio Bryn y Cwm ac ymhen dau funud deuem
allan yn y ffordd a redai o Lanelidan i Fryn Brâs lle
byddai yn fforchio, y chwith i Fryneglwys a'r dde i
Gorwen.

Hwn oedd diwedd ein taith oherwydd yma y safai
capel dinod Cefn y Wern. Capel bychan sinc oedd a
cheir hanes ei eni yn *Hanes Methodistiaeth Dyffryn Clwyd*
gan Pierce Owen, a gyhoeddwyd ym 1921. Yr oedd
llawer o deuluoedd yr ardal yn gorfod teithio'n bell i
gapel, i Lanelidan neu i Fryneglwys, i Wyddelwern neu
i Lansanffraid, a phenderfynwyd ei bod yn bryd cael
addoldy mwy cyfleus. Rhaid oedd adeiladu yn ddi-
ddyled ac aeth tri gwron ati i gasglu arian ; y tri hyn
oedd Richard Wynne, Rhewl Felen, Gomer Roberts,
Cefn Criafolen, a Hugh Jones, y Cwm. Yr oedd yr olaf
yn hen ewythr i mi ac y mae pedwar-ar-ddeg-a-thrigain
o'i ddisgynyddion yn fyw a'r mwyafrif yn parhau yn
Nyffryn Clwyd !

Y syndod mawr yw mai ar fore Llun, Medi 28, 1908,
y dechreuwyd yr adeiladu, a'i orffen fore Llun, yr ail
o Dachwedd. Pum wythnos yn unig, welwch chi. Dyna
beth y gallai dyfalbarhad a diffyg biwrocratiaeth ei
wneud yn nechrau'r ganrif hon. Mae'n rhaid fod y
bobl hyn yn rhai di-fai oherwydd ni chafwyd dafn o
law yn ystod wythnosau'r adeiladu ! Gwnaed ef o ddef-
nydd dirydel (beth bynnag ydy' hwnnw) a chostiodd
£130. Prynwyd organ a chloc a sêt fawr. Fel y dywed
yr awdur bwriadent gael caniadaeth a phrydlondeb a
blaenoriaeth ! Ynghyd â seddau i'r gynulleidfa y gost
ychwanegol oedd £48/18/3. Un peth oedd yn eisiau

sef pulpud ac ar ôl tipyn o gwyno ar ran y pregethwyr daeth un o rywle ac ni wyr neb hyd y dydd heddiw o ble y daeth ! Fel y manna gynt.

"Taid" y Cwm oedd yr Arolygwr cyntaf, f'ewythr Ieuan, Bryn Tangor, yn ysgrifennydd, ac yn athrawon Ysgol Sul, ymhlith eraill, yr oedd fy hen-nain, Mary Hughes, Bryn Tangor, ac ewythr drwy briodas, William Edwards, Highgate. Yr oedd f'ewythr Ieuan yn gymer-iad. 'Roedd yn dipyn o rebel ac yn radical rhonc ym myd crefydd a gwleidyddiaeth ac nid oedd blewyn ar ei dafod. Yr oedd angen plwc i dorri ar draws pregeth ; mi wnaeth hynny ambell dro. Cofiaf glywed amdano yn protestio'n gryf pan oedd un pregethwr yn canmol Churchill ar ei bregeth, a chollodd ei bwyll dro arall pan oedd y gweinidog yn rhestru ar goedd faint oedd pawb wedi'i gyfrannu at y weinidogaeth : "Teulu'r fan-a'r-fan, canpunt; Teulu'r lle-a'r-lle, pedwar ugain punt . . ." Torrodd yr hen ewythr dewr ar ei draws gan ddweud : "Am hatling y wraig weddw yr oedd eich Meistar chi a fi yn hoffi sôn." Ie, cymeriad anhygoel.

Dyna'r capel fel yr oedd pan euthum yno gyntaf. Yr oedd y seddau yn llyfn fel marmor ac o liw mêl, yr hen gloc yn tician yn araf, a'r blaenoriaid yn pwyllog borthi. O flaen y sêt fawr yr oedd clamp o stôf fuddiol dros ben. Organ a phiano, ffelt coch ar y seddau, y pantri lleia' erioed i ferwi dŵr, cyntedd i hongian cotiau, a dyna fo. Yno y dysgais ddarllen. A chanu sol-ffa. Credais am flynyddoedd mai Cymro glân oedd Mr. Curwen. 'Roedd llawer o blant yno a phob un yn ei dro yn cael dechrau'r Ysgol Sul, a chymryd rhan yn y cyfarfodydd gweddi, a chyfeilio. Onid oedd hyn yn hyfforddiant ardderchog ac yn ein dysgu i sefyll o flaen pobl yn hollol ddiofn ? Caem fwrw ein swildod mewn awyrgylch glòs a chynnes.

Byddwn wrth fy modd yn sleifio i'r sedd (yn hwyr,

gwaethaf ni yn ein dannedd) a gweld *Trysorfa'r Plant*
a'r *Drysorfa Fawr* a *Chymru'r Plant* yn bentwr magnetig
ym mhen draw'r sedd. Ychydig iawn o'r bregeth a gâi
sylw wrth inni ymdoddi yn hanesion Ysgol Sir Tre'r
ddôl a'r Diddanion. Gwell fyth oedd gweld fod un
ohonom wedi ennill rhyw wobr neu'i gilydd yn un o'r
cystadlaethau. Byddai hen redeg adre gan weiddi :
"Mam ! 'dw i wedi ennill." Efallai mai dyna pryd y
dechreuais gael blas ar weld f'enw mewn print !

Yr oedd partïon Nadolig y capel yn rhai bythgofiadwy.
Ambell dro caem siom pan oedd y tywydd yn galed a'r
hen Ffordyn bach yn 'cau cychwyn a gorfod aros adre.
Yr oedd yno Siôn Corn, y bochgochaf yn y wlad, a
choeden yn sigo dan anrhegion i bob plentyn. Credem
ynddo yn ddi-ddadl. Wylais pan ddeallodd fy chwaer
nad oedd Santa yn bod, ac wylais wedyn pan fu raid
cyfaddef wrth fy mrawd mai ffug ydoedd, gan fod arno
ei ofn ! Magodd fy chwaer ei dau blentyn i beidio â
chredu mewn na Siôn Corn na thylwyth teg, gan addu-
nedu na ddywedai byth gelwydd wrthynt. Ond pan
aeth y ddau i'r ysgol daethant adre yn llwyr gredu yn
Santa gan fod yr athrawes wedi sôn amdano. I blentyn
bach y mae gair yr athrawes yn anffaeledig !

Caem de parti ar fyrddau wedi'u gosod ar estyll ar
draws y seddau, a chyfarfod cystadleuol, adrodd a chanu,
darllen darn heb ei atalnodi a llinell goll, a phawb wrthi
fel lladd nadroedd. Mabolgampau, ac un o'r bechgyn
bach gwrol, nad oedd yn bwriadu cystadlu yn y naid
uchel, yn brolio : "Mi neidiwn i i'r awyr !" Dyfynnodd
Mam hyn am flynyddoedd a chwarddai yn harti wrth
feddwl am y crwt hwnnw.

Pinacl y flwyddyn oedd y trip Ysgol Sul a phisyn tair
i bawb i'w wario ! Aem yn y siarabáng i'r Rhyl am y
diwrnod a hwnnw'n ddiwrnod llawer rhy fyr am fod y

rhieni yn gorfod mynd adre i odro. O ! fel y melltithiem
y godro bondigrybwyll. Cof plentyn am dre'r Rhyl yw
tre eang a strydoedd llydain, twr y cloc yn teyrnasu,
milltiroedd aur o dywod a hwyl yr Olwyn Fawr a'r ceir-
taro yn y *Marine Lake*. Rhuthrem tua'r môr a'r mulod,
edrychem yn hurt ar Pwnsh a Jiwdi heb ddeall gair a
ddywedent, hurio beic am hanner awr, pysgota ar y
prom, candi fflos a hufen iâ, a chwerthin am ben y
tadau yn torchi eu trowsusau a'u coesau gwynion yn
anllad yn y dŵr. Unwaith y flwyddyn y golchent eu
traed, cellweirient. 'Synnwn i fawr ! Band pres a haul
a thafodau heilltion. Plant yn strancio a mamau blin.
Cestyll yn y tywod a the mewn caffi, eistedd ar y rhagfur
a gwibio'n gegrwth o un lle i'r llall. O ! wynfyd !

'Roedd diogelwch yn nefodau'r capel ; rhaid oedd
cael popeth yn y drefn gywir, y casgliad a'r diolchiadau,
y cyhoeddiadau a'r dweud adnodau. Safem yn haid o
flaen y sêt fawr a'r pregethwr, neu'r cenad fel y'i gelwid,
yn camu'n bwysig i lawr o'r pulpud at yr allor ac yn
gwrando, yn mesur ac yn pwyso, yn cymeradwyo ac yn
ebychu. Ac yr oedd adnodau digri' iawn ambell dro.
Tra adroddai un bennod neu salm gyfan ar un gwynt,
byddai un arall yn cael pwl o arswyd ac yn gorfod
dibynnu ar hen ffefryn ar y munud olaf : Duw cariad
yw ; yr Iesu a wylodd ; Na ladd. Weithiau âi hwrdd o
chwerthin a hwnnw'n troi yn besychiad moesgar drwy'r
gynulleidfa fel yr ymsythai plentyn a chyhoeddi'n llawen:
"Mae gwraig Lot yn cofio atoch chi, syr" neu "I'r dŵr
y rhed y pant" a "Iesu Grist, yr un ddoe, heddiw ac yn
draed gŵydd".

Y mae'r hen gapel bach yn dal yn llewyrchus yn ôl
a glywaf, er bod maes carafanau yn ei amgylchynu, ac y
mae'r un teuluoedd yn parhau yn eu ffyddlondeb ;
trydedd a phedwaredd cenhedlaeth o'r Gwndir a Rhewl

Felen, Cefn Criafolen, Sowrach a Chae Haidd, Cae Du, Gwrych Bedw a'r Cwm. Asgwrn cefn y fewnwlad a dylanwad diarwybod ar genhedlaeth o blant. Ond y dyddiau hyn fflachiant heibio mewn ceir ac nid ydynt yn sylwi ar y cloddiau mafon a bysedd y cŵn, ni chlyw-ant yr ysguthanod yn mwmian : Hau pys, hau ffa, hau letus i mi fwyta, hy !

Ac y mae ffordd y mynydd, gwaith fy Nhad, yn chwyn drosti.

HEIBIO I GORNEL Y COED

'O ! bach' i'r cathod, codi llaw ar y ci, drwy giât y buarth, ac yr oeddwn ar fy ffordd i'r ysgol. Cerddwn yn llawen heibio'r ffawydden lle'r oedd y siglen yn segur ac i lawr at gornel y coed. Ar y dde yr oedd y Cae Tŷ a'r Boncyn Eithin yn ferw o wningod a choedieir a phetris a gwregys o goed cyll a bedw a chrabas o'i gwmpas. Ar y chwith yr oedd y Cae Bach a chorslyn yn ei waelod lle tyfai plu'r gweunydd, gold y gors, mantell y forwyn a'r robin racsiog, lle nofiai'r ieir dŵr a lle ceid digon o lyffantod i buro dŵr y ffynnon. Os na fyddai'r amser yn brin piciwn i lawr yno i lenwi jar o jeli llyffant yn anrheg i'r athrawes.

Dal i fynd nes dod at y Graig lle bu rhywun yn cloddio am gerrig a lle y bu farw Bell, y gaseg, wrth esgor ar gyw. (Os oes hawl gan gofis Caernarfon i ddweud cyw buwch mae rhyddid i ninnau ddweud cyw ceffyl. A dyna ddywedwn !) Ar y dde yr oedd lôn gul, leidiog, yn arwain i Fryn Du ond yn syth ymlaen yr awn, ugeinllath o welltglas a thrwy glwyd i'r Cae Isa. 'Roedd giatiau fy Nhad yn drwsiadus a chlicied pob un yn gweithio, yn wahanol i rai ffermwyr lle byddai rhaid stryffaglio a gwastraffu munudau pwysig i ddatod cortyn beindar neu wifren bigog cyn medru mynd trwyddynt.

Hanner-redeg wedyn i lawr y ffordd drol wrth ochr gwrych a blygwyd yn grefftus, gan gymryd cip sydyn dros y clawdd i weld os oedd sôn am Gwenfyl a Goronwy yn cychwyn am yr ysgol, ac edrych i'r chwith i chwilio am Elwyn, Mair a Gwyneth, yr Oror. Pwy a gyrhaeddai gyntaf ? Yng ngwaelodion y Cae Isa yr oedd y lle tebygaf i Lyn Cysgod Angau a welsoch erioed ; rhyw gilfach

dywyll dan gysgod coed ac afonig yn llifo ar draws fy
llwybr yn disgyn yn bistyll i lyn bychan a ferwai trosodd.
Trwy giât arall i lôn goed, laith a di-haul, lle plethai'r
coed uwch fy mhen a thywyllu'r ffordd. Ar y dde rhedai
ffrwd lle golchwn fy *wellingtons*. Hoffwn foreau sych
pan fyddai wedi rhewi'n gorn ac nad oedd angen eu
gwisgo a'u cuddio yn y gwrych efo'r lamp stabal cyn
cyrraedd y llan. Afon Domwy oedd hon a'i ffynhonell
yn Llyn Domwy ar Fynydd y Cwm a llifai'n ddyfal
cyn cyrraedd pentre Gwyddelwern. Yn fy myw ni allaf
gofio i ble'r âi wedyn. Mae'n rhaid ei bod yn llifo i
gyfeiriad Dyfrdwy heibio Trewyn a Thanygaer.

Gadael y gronglwyd o goed ac i fyny allt a oedd yn
drysor o nythod dryw a bronfraith, y penfelyn, y jibinc
a llwyd y gwrych. Neidient o gangen i gangen yn sionc,
yn picio yma ac acw yn nerfus. Yn loddest yn y cloddiau
yr oedd briallu a fioledau, mefus gwyllt a chnau daear,
tamed y cythrel a dant y llew. Aros eiliad i weld faint
oedd hi o'r gloch yng nghloc dant y llew. Stelcian i
astudio'r blodau a'r adar, y celyn a'r helyg a'r cyll. Hel
mes a chnau, astudio'r derw a'r iorwg a'r castanwydd.
Ceisio brysio a methu yng nghanol rhyfeddodau natur.

Cyrraedd pen yr allt a sefyll ar ben y clawdd yn sugno
dail surion bach, y gwyddfid a'r meillion, er mwyn cael
gweld lle'r oedd stalwyn y Plas. Ar hynny y dibynnai
pa ffordd yr awn nesaf ; os oedd ar fy llwybr byddai'n
rhaid rowndio a wynebu bwch gafr y Foty, ond gyda
lwc ni fyddai sôn amdano a dringwn y gamfa ac i lawr
y cae nesaf. Rhedwn i lawr y llwybr gan brin sylwi
ar y caws llyffant a gwâl ysgwarnogod. Camu dros
wyau ceffyl a'r pwrs du ; dywedid y caech eich taro'n
ddall yn y fan a'r lle os sethrid ar y pwrs du. Dros gamfa
arall, gan boeri ar y siani flewog er mwyn cael dillad
newydd, a râs i lawr canllath arall a chamfa arall. Yna

pompren yn croesi Domwy a chlwyd fechan, camfa arall.
Yr oedd chwe chamfa a phob un yn grefftwaith. Ni wn
pwy a'u gosododd. Llam dros y pwll tro ac i fyny'r
weirglodd a'r afon erbyn hyn yn llifo'n fuan ar ei gwae-
lod. Ar ei glan yr oedd llafrwyn a chrafanc y fran, y
sigl ' i gwt yn ddarn o barddu yn pigo yma ac acw
a'r crëyr glas afrosgo yn sefyll fel delw heb sylwi ar las
y dorlan yn llathru heibio. Camfa eto a lle da i guddio'r
esgidiau a dyma fi yn y Deunant a'r gwawn yn sidanu
ar draws fy wyneb yn arwydd o dywydd teg. Ar y dde
yr oedd dyfnjwn a'r afon ar y gwaelod a cherddwn ar
hyd y llwybr rhwng y llechwedd a'r clawdd ganwrando
ar yr adar yn canu, â'r gwlith ar ddail yr ynn. Ac yna
gwelwn dŵr Eglwys San Beuno a diwedd y daith.

Troi i'r dde wrth allt y Topie, sleifio heibio Tŷ'n Llan
lle byddem yn dwyn afalau amser cinio, heibio i'r efail
a'r swyddfa bost ac i mewn i'r ysgol.

Credwch mae'n debyg fod bywyd plentyn y wlad ugain
mlynedd yn ôl (wel ! mwy neu lai) yn wynfyd pur ond
y mae'n rhaid i mi chwalu'r ddelwedd oherwydd nid
oedd yn nef i gyd. Heblaw am ofni ceffyl anynad y
Plas yr oedd dychrynfeydd eraill yn ein bygwth byth a
beunydd. Gwas y neidr yn neidio'n sydyn ar draws fy
llwybr, genau goeg yn gwibio wrth fy sodlau, llygod
ffrengig yn llamu o'r das, ystlum yn hedfan i'r llofft
ac yn bygwth nythu yn fy ngwallt, y frân wen yn llechu
ac yn cario clecs i'r ysgol. Gwamiwn pan welwn nyth
cacwn a rhedwn am fy mywyd pan ddeuwn wyneb yn
wyneb â chlagwydd yn poeri ei ddicllonedd. Nid oeddwn
yn hoffi danadl poethion ac eirin duon bach, burgyn
yn drewi a siglen mewn cors. Ond, er gwaethaf y llest-
eiriau hyn, unwaith y cyrhaeddwn fuarth yr ysgol, neu
pan welwn gornel y coed ar ddiwedd y dydd, yr oedd
popeth yn iawn.

Yr oedd amser chwarae yn llawn hwyl. Yn eu tro ymddangosai'r marblis a'r top, y bowlio a'r sgipio. Ymddengys yn anhygoel, ond Saesneg oedd iaith mwyafrif ein chwaraeon. Ni allaf yn fy myw ddeall pam. Yn eu bri yr oedd *Bobby Bingo, London Bridge* a *Farmer wants a wife* ; sgipiem gan lafarganu "Tinker, tailor, soldier, sailor, rich man, poor man, beggar-man, thief". Carreg filltir oedd meistroli chwarae dwy bêl a chanem :

> Wan, tŵ, thri, O'leary,
> Ffor, ffaif, six, O'leary,
> Sefn, êt, nain, O'leary.,
> Ten O'leary, catch the ball.

Oliver Twist oedd un arall a ddefnyddiem gyda dwy bêl. Ni chlywsem erioed am yr Oliver hwn, wrth gwrs, ond fel hyn yr âi'r perorasiwn :

> Oliver Twist, can you do this ?
> If so, do so. Touch your toes.
> Under it goes. Touch the ground.
> And turn around.

Yna i mewn i'r ysgol i wneud popeth yn Gymraeg !

Byddem yn chwarae tip a chuddio, saethu efo gwn tatws a gwneud chwibanogl o bren y sycamorwydden. Rhaid oedd bod yn berchen cyllell boced i wneud chwisl ac felly y bechgyn a fyddai'r pencampwyr, a byddent yn brysur yn y Gwanwyn yn plisgio ac yn cerfio nes cael offeryn clir a'i sŵn yn hollti'r fro. Peth arall a fyddai'n ein diddori oedd chwythu wyau ond yr oedd yr athrawon yn ddig iawn wrthym am wneud y fath beth, ac yr oedd dwyn wyau o nythod yn bechod anfaddeuol.

> Y sawl a dorro nyth y dryw
> Ni chaiff weled wyneb Duw.

Gan fod y bechgyn bob amser yn hawlio'r chwaraeon gorau ac yn cael gwisgo trowsus a chario cyllell boced,

gan eu bod bob amser yn cael maddeuant am wlychu
eu traed a phonsio eu dillad, caem ninnau ddial arnynt
drwy weiddi enwau ar eu holau. Cofiaf fechgyn yn yr
ysgol gynradd a ddioddefodd dan yr enwau a ganlyn :
Plygs, Chinee, Efibefi, Pry Copyn, Sambuk, Sblewc,
Shish bach a Blewyn. Erbyn heddiw mae un ohonyn
nhw yn brifathro llwyddiannus ac un arall yn weinidog
parchus. Byddai ambell un yn tueddu i fod yn "gadi
ffan" neu "gadi merched" a châi hwnnw druan drin-
iaeth ysgeler. Gwaeddem : Wil wal waliog ddim yn
gwisgo balog. Un arall a gofiaf :

> John, Pwll Du
> 'Ncael swper go gry',
> Asgwrn pen ceiliog
> A choes 'deryn du.

Newidiais yr enw ! Chwarae teg. A beth am hon ?

> Mae Wil yn flin
> Mewn clôs penglin,
> Watch yn 'i boced
> A dau dwll - - - - !

Mae plant yn medru bod yn sensitif ac yn greulon ar yr
un pryd : medrwn werthfawrogi dryw a briallen ac yna
hyrddio geiriau o sarhad ac amarch at rywun gyda'r un
gwynt.

Wedi'r holl hwyl a'r sbri ymlwybrwn tuag adre â
'mhen mewn llyfr gan gadw gwyliadwriaeth a'm llygaid
ar yr un llinyn rhag ofn i Lisi Ann redeg ar f'ôl, neu
'styrbio nyth cacwn ac ennyn llid gwas y neidr. Yr oedd
Robin y Gyrrwr a'i goesau fel gefeiliau yn ddigon o
boen ond cawn hefyd byncio'r ehedydd, a'r rhosyn gwyllt
yn fy ngwallt. A phan welwn gornel y coed a chlywed
cyfarthiad Scot y ci, byddwn adre. Ac ar ôl rhoi ' O!
bach' i'r cathod awn i'r côr i ddal cynffonnau'r gwartheg
tra oedd Mam yn godro.

LLYGAID LLONYDD

Pan gofiaf am yr ugeiniau o weithiau y cwynais am hyn
a'r llall ; tlodi a blinder, fy swydd, fy nghartref, daw
cywilydd drosof am nad wyf erioed wedi gwir werthfawr-
ogi llawer o fendithion bywyd. Ac un o'r mwyaf o'r
rhai hynny yw iechyd. Un o fanteision magwraeth ar
fferm a chrwydro yn yr awel iach, digon o gig a llefrith,
ac aelodaeth o deulu anhraethol enfawr, yw fy mod,
hyd yn hyn, cyn iached â'r gneuen. Ymgroesaf wrth
ddweud na chefais erioed salwch mawr. Un waith y
bûm drwy boen arteithiol a hynny wrth golli plentyn
ac yr wyf yn gorfod cau fy llygaid yn dynn wrth feddwl
am y peth.

Pan oeddem yn fân ar yr aelwyd mi wyddai Mam yn
syth pan oedd rhyw selni ar y ffordd : "Be' sy'n bod
arnat ti y bore 'ma ? Mae dy lygaid di'n llonydd !"
Medrai synhwyro salwch cyn inni ddechrau sylweddoli
nad oeddem yn teimlo'n dda !

Pan gaem godwm a sgrechian, gwaeddai Mam o
rywle : "Tyrd yma i mi dy godi di" ac wrth ymlusgo
tuag ati byddem wedi llwyr anghofio'r boen mewn
chwinciad. Defnyddiai hi seicoleg flynyddoedd cyn sôn
am Dr. Spock. Buom i gyd drwy dreialon y frech
goch a brech yr ieir, y cryd melyn a'r pas. Daethom â
nhw adre o'r ysgol a'r ifaciwis a gâi'r bai. Y nhw a
ddaeth â'r clefydau hyn i'r pentre, yn ogystal â llau a
chwain, paffio, rhegi a'r iaith Saesneg ! Nhw hefyd a
gâi'r bai am reibio nythod, ysbeilio perllannau a
thanio teisi gwair.

'Chawsom ni erioed fwch dihangol mor hwylus !

Os na fyddem yn teimlo'n rhy wael yr oedd yn braf

cael tân yn y llofft a gwylio partrymau'r fflamau ar y
waliau. Fel y byddem yn troi ar wella caem fwythau
fel potes iâr a bara llefrith, brechdan siwgr, tôst toddion
a chwstard wy. Nid mor braf oedd saim gŵydd a phol-
tis bara, cascara a the senna ! I fendio dolur gwddf
rhoddem hosan sidan amdano ac i wella'r annwyd
gwnâi Mam ryw gyffur drwy ferwi triog mewn llaeth
enwyn ; bliw golchi ar golyn, dail tafol ar losg danadl
poethion, rhyw eli melyn drewllyd ar lyfrithen a dryw-
inen a bricsen o'r popty wedi'i lapio mewn gwrthban
i wella pob anhwylder.

I gael gwared â dafad wyllt byddem yn claddu darn
o gig moch a chadw'r fangre yn gyfrinach. Fel y braen-
ai'r cig felly y braenai'r ddafad ar ein crwyn ninnau !
Byddid yn rhoi te slecyn i fabi efo gwynt a churo'r
traed a chelyn i wella'r llosg eira. A chofiaf fy Nhad
yn sôn am hen, hen wraig pan oedd o'n blentyn yn
Llanelidan, a roddai lwydni oddi ar y jam ar friwiau.
Onid gwreiddiau penisilin oedd hwn ? A chlywais eraill
yn sôn am osod gwe pry copyn ar ddoluriau a fyddai'n
casglu. Mae'n rhyfedd ein bod yn fyw !

Soniais eisioes am yr ifaciwis yn cario "pethau" i'r
llan. Canlyniad hynny oedd ymweliad tymhorol y Nyrs
Chwain i chwilio'n pennau. 'Roedd hi'n anferth o
ddynes ac yn dafodrydd hyd greulondeb yn arbennig
pan anelwyd cic at ei chrimog gigog gan un o'r
bechgyn na hoffai ei bysedd yn chwarae drwy'i wallt.
Byddai'n rhestru pawb oedd mor anffodus â chael
creaduriaid symudol yn eu pennau, creaduriaid a
elwid gennym yn fwgis. Rhaid oedd prynu crib fân
a lladd y nedd gyda rhyw hylif arbennig. A'u diwedd
rhwng dau ewin. Llawenydd oedd darganfod fod nyrs
chwain yr un mor amhoblogaidd yn ysgolion Llundain
ac mai eu henw nhw arni yw Nitty Nora !

Gan fy mod yn amau eich bod i gyd yn dechrau ysu a chrafu eich pennau gwell fyddai gadael y giwed heb sôn amdanynt mwyach.

Os oes rhywbeth gwaeth na babi dreng, pedwar o blant dreng ydy' hwnnw. Dyna lle byddai'r pedwar ohonom, flined â draenogiaid, yn gwynfanllyd, boeth. Ond fel y byddem yn gwella byddwn yn eu diddori gyda straeon annaearol a'r tri yn swatio dan y dillad yn crynu wrth wrando fy nychmygion am gewri a llewod, corachod a bwganod. Mae'n wyrth fod y tri wedi tyfu i fod yn bobl mor gymhedrol a chytbwys pan feddyliaf am anferthedd yr hunllefau a allwn fod wedi'u hachosi!

Un hollol wahanol oedd Mam a phan fyddai ganddi funud i'w sbario o'r gwaith tŷ a'r fferm a phedwar o blant yn mynnu tendans, dywedai straeon ei phlentyn-dod ei hun, am gerdded dros y Gefnffordd, chwarae teliffon ar waelod allt Tal y Bidwel, dyddiau'r ysgol a Llysfasi.

> Mi ddyweda-i stori
> Caseg yn pori.
>
> Mi ddyweda-i ddwy,
> Aeth ar y plwy.
>
> Mi ddyweda-i dair,
> Mi aeth i'r ffair.
>
> Mi ddyweda-i bedair,
> Mi gollodd ei phedol.
>
> Mi ddyweda-i bump,
> Mi gafodd gwymp.

Mi ddyweda-i saith,
Mi aeth i'r gwaith.

Mi ddyweda-i wyth,
Mi daflodd y llwyth.

Mi ddyweda-i naw,
Mi syrthiodd i'r baw.

A phawb yn gweiddi : "Deudwch chwech, deudwch chwech" ond wna'i hi ddim er ein bod i gyd yn gwybod beth oedd yn odli efo chwech !

Ceid sôn am glefydau mwy difrifol o bryd i'w gilydd. Bu farw merch fferm gyfagos o'r dicáu a chollwyd bachgen yn yr ysgol gyda gênglo, ac adwaenwn nifer o blant a gollodd eu mamau ar eu genedigaeth. Caem ein rhybuddio rhag eistedd ar waliau oerion rhag cael clwy'r marchogion er na wyddem ar y ddaear beth oedd hwnnw. Rhaid oedd peidio rhoi gormod o anwes i'r cathod a'r cwn rhag cael llyngyr ; gallai'r ceffylau ein cicio a llygod ein brathu. 'Roedd perygl ym mhob cyfeiriad.

Pan oeddwn yn bump oed cefais godi ganol y nos ac eistedd ar lin dyn dieithr mewn cap shoffyr. Fo oedd y dyn a ddaeth a'r meddyg acw. Noson geni fy chwaer oedd hi a dyna'r anrheg orau a gefais erioed. (Ac i gadw'r ddysgl yn wastad rhaid ychwanegu i ddau frawd gyrraedd cyn hir !) Y bore ar ôl ei geni dywedais wrth fy Mam : " 'Roeddwn yn meddwl eu bod nhw yn dy ladd di," ac ebe hithau yn wanllyd: "Minnau hefyd." Canol y Rhyfel oedd hi a bu raid i 'Nhad fynd i lawr i'r pentre ar y tractor i 'nôl y meddyg a meddyliodd John Evans, Bryn Du, fod yr Almaenwyr wedi glanio wrth glywed yr holl draffig ganol nos !

Bu cael ei geni dan amgylchiadau mor gyffrous yn beth tyngedfennol iddi oherwydd bu mewn helyntion

drwy gydol ei phlentyndod ! Dim ond cael a chael oedd
hi i mi beidio â'i lladd unwaith. Aeth y pram yn drech
na mi ar y buarth serth a charlamodd igam ogam a
diweddu a'i wyneb i waered yn y ffynnon. Daliai fy
chwaer i gysgu'n dawel drwy'r cwbl ar gauad y ffynnon !
Dro arall dringodd i mewn i dun llaeth a methu â dod
allan gan fod ei hysgwyddau hi yn soled o dan ys-
gwyddau'r tun. Bu yno yn gwingo ac yn sgrechian
am gryn hanner awr nes y llwyddodd fy Nhad i'w
rhyddhau. Mae hi'n athrawes gyfrifol erbyn hyn ond
y mae un o'i phlant yn ddigon tebyg i fel yr oedd hi
yn ei oed o, mewn rhyw bicil byth a beunydd !

'Does dim a all syfrdanu a brawychu plentyn yn fwy
na gweld ei fam yn wylo. Ddwywaith y cofiaf fy Mam
yn crïo ac yr oedd yn ddigon i'n sodro. Y tro cyntaf
oedd pan ddisgynnodd pentwr o wallt euraid cyrliog
Alan, fy mrawd, i'r llawr dan siswrn fy Nhad. Oherwydd
fod pobl yn dueddol o ddweud : "Mae hi'n ddel"
amdano, yr oedd yn hen bryd eu darbwyllo ! Mae'n
debyg na fydd o'n diolch i mi am ddweud y stori, chwaith !
Yr oedd yr ail amgylchiad yn fwy difrifol. Syrthiodd fy
mrawd arall, Bryn, ar ei gefn i fwced o ddŵr berwedig
a bu yn ysbyty Wrecsam am wythnosau. Yr hyn oedd
yn torri calon fy Mam oedd nad oedd yn cael caniatâd
i fynd at ei wely ond yn gorfod edrych arno drwy'r
ffenest a'i weld yn crïo am ei fam. Daeth y creadur
bach adre yn siarad Saesneg ! Diolch fod ysbytai'r oes
hon yn fwy gwareiddiedig.

Rhyw feddyliau fel yna a âi drwy fy meddwl pan
safem dan yr hen ywen ar y lawnt gartref ddiwrnod
angladd fy Mam, wyth mlynedd yn ôl, a hithau heb
gyrraedd ei thrigain oed. Magodd bedwar heb wylltio
na gweiddi erioed. Yr oedd yn frenhines ar ei haelwyd,
yn dawel a dirodres, ac y mae hiraeth amdani.

CYWENNOD Y COLEGAU

Wedi dyddiau dedwydd yr ysgol ac oriau didaro plentyn-
dod daeth yr amser i fynd i'r coleg. Aeth tair-ar-ddeg
ohonom o'r un dosbarth i Fangor y flwyddyn honno yn
gymysgedd o nerfusrwydd a chyffro. Ni wyddem beth
fyddai ein dyfodol.

Anodd yw credu fy mod, erbyn hyn, wedi gadael
y coleg ers dros ugain mlynedd ond y mae'r tair blynedd
a dreuliais yno yn fyw yn fy nghof. Ys gwn i a yw'r
genhedlaeth newydd o fyfyrwyr yn dal i ganu : " 'Dyw'r
hen goleg ddim fel y buo fo." Ugain mlynedd yn ôl
'roedd y mwyafrif ohonom yn Gymry Cymraeg a medd-
yliaf yn aml mor unig oedd y rhai na fedrent yr iaith !
Y peth rhyfeddaf a ddigwyddodd i mi oedd mai gyda
dwy ddi-Gymraeg y cefais fy nhaflu a daethom yn gyf-
eillion pennaf. Ar ddamwain y digwyddodd hynny
oherwydd cael ein gosod yn yr un hostel. Dim ond deg
ohonom oedd yno a phedair ohonom yn *freshers* ; un o'r
Ponciau, un o Ddinbych, y llall o Brestatyn, a minnau.
Yr oedd hi o'r Ponciau yn siarad Cymraeg anfarwol y
Rhos a dotiais ati byth oddi ar hynny ; yr oedd yr hyn
a alwem yn Gymraeg ci defaid (hynny yw, yn ei deall
ond nid yn ei siarad) gan y ferch o Ddinbych a dim gair
o gwbl o'r iaith gan Glenys o Brestatyn.

Enw'r hostel oedd Neuadd Aethwy a'r adeg honno
yr oedd yn newydd sbon gyda dodrefn ysgafn ac, o !
fendigedig, dim barrau ar draws y ffenestri. Yn y neu-
addau eraill yr oedd rhai o haearn Sbaen i wahardd
darpar-athrawon diniwed rhag torri allan yn oriau pech-
adurus y nos. Ond yr argen, yr oeddem yn griw dryg-
ionus ac y mae'n siŵr inni wneud bywyd y warden

druan yn hunllef. Hyderaf fod Miss Hannah Williams
wedi maddau inni ac mai nid o'n hachos ni yr ymddeol-
oddd yn fuan wedyn !

Rhoddai waedd ar waelod y grisiau : "Pi Es!" Ystyr
hyn oedd *private study* ac yr oeddem i fod cyn ddistawed
â llygod am ddwyawr bob nos i wneud ein tasgau. Wedi
hynny rhaid oedd arwyddo llyfr *exeat* gan ddweud i
ble'r oeddem yn mynd, gan ofalu bod yn ôl cyn deg.
Os byddem eiliad yn hwyr a'r drws wedi'i gloi, gwyddem
y canlyniadau : ein cloi i mewn am wythnos gyfan !
Peth ofnadwy oedd eistedd wrth y ffenest a gwylio pawb
yn carlamu i lawr Ffordd y Coleg tuag wyth o'r gloch
a chwithau dan glo. Rhwng pum munud ac un munud
i ddeg clywid sŵn fel merlod mynydd fel y carlamai'r
merched am eu neuaddau a'u gwynt yn eu dyrnau.
Gelwid y rhestr ac os na fyddai rhywun yn ateb edrychem
ar ein gilydd a theimlo dros y druanes absennol.

Ar draws y ffordd yr oedd y Brifysgol ac yno bob nos
Sadwrn yr oedd dawns yn Neuadd Pritchard Jones. Yr
oedd hyn fel pot o fêl i gacwn. Clywem sŵn y band yn
ein hudo a hiraethem am fod yng nghanol y cwmni
llawen. Ond, ac y mae'n "ond" pwysig, fel y dywedais
yr oedd ein neuadd ni yn wahanol i'r gweddill. Ar ôl
rhyw hanner awr gyfrwys o ddistawrwydd aem i lawr y
grisiau yn nhraed ein 'sannau, i mewn i 'stafell Angharad
ar y llawr isaf, a thrwy'r ffenest fel cwningod ! Mentrem
yn ddychrynllyd. Pe cawsem ein dal byddai'n ddiwedd
y byd a'r "Burnham scale" wedi diflannu am byth a
byddai fy Nhad wedi fy saethu. Wrth lwc, ni ddigwydd-
odd dim byd o'r fath.

Deuem yn ôl o'r ddawns a'n calonnau yn ein gyddfau
rhag ofn fod hwi a bloedd wedi bod yn y cyfamser, ofn
gwneud sŵn ar y graean y tu allan, sefyll yn ein hunfan
ar un goes ar y grisiau i wrando am unrhyw smic o

'stafell y warden, dadwisgo'n y tywyllwch a gwthio cyn-
fas i'n cegau i fygu'r chwerthin o ryddhad. Gwyddai
gweddill y coleg am ein mentr ond er cymaint y cen-
figennu ni chawsom ein bradychu unwaith ; ac mi
gadwodd y garddwr ein hochrau hefyd oherwydd ni
ofynnodd i ni erioed egluro paham yr oedd y blodau
o dan ffenest Angharad ar chwâl !

Bob hyn a hyn deuai rhychau ar ein talcenni a
llwydni i'n gruddiau oherwydd dynesai dyddiau traw-
matig yr ymarfer dysgu, neu i ddefnyddio Cymraeg y
coleg, y sgŵl prac. Testun pob sgwrs fyddai : Ys gwn i
lle'r awn ni ? Hiraethai rhai am gael mynd i Lerpwl
neu Faldwyn neu'r Fflint oherwydd golygai hynny
gael byw mewn digs a ffarwelio â rheolau caeth y coleg
am rai wythnosau. Ni wn sut y byddid yn dewis pwy
oedd i gael mynd ymhell a phwy oedd i aros o fewn
hualau'r coleg. Ai'r rhai na ellid ymddiried ynddynt a
gedwid yn y ddalfa ? Anfonwyd Glenys ac Olga ymhell
ac aros yn y coleg oedd tynged Angharad a minnau !
A phwy a all eu beio? I ychwanegu at boen a blinder y
tymor hwn yr oedd y neuaddau bychain yn cael eu
cau a symudid ni am gyfnod i'r neuaddau eraill gyda'u
dodrefn anghyffyrddus, y gwelyau haearn ac, o ! wae,
y barrau ar draws y ffenestri !

Aem yn llwythi penisel mewn bysiau arbennig i ber-
feddion Môn ac Arfon. Gollyngid heidiau ingol ym
Mhorthaethwy, Bodedern, a Llangristiolus. Âi eraill i
gyfeiriad Rhosybol, Llanerchymedd ac Amlwch. Yr
oedd yn ddiwrnod hir i'r rhai a âi i bendraw yr ynys
ac ar ben hynny yr oedd oriau meithion o baratoi fin nos.
'Sgrifennu gwersi, gwneud posteri, paratoi gwaith, llunio
post mortem arnom ein hunain a gwneud astudiaeth o
un plentyn yn yr ysgol. Mewn tair ysgol gyfun y bûm
i wrthi yn difetha cariad plant at addysg, sef Amlwch,

Caergybi a Bethesda. Bûm yn anhygoel o ffodus yn y ddau ddarlithydd a ddôi i mewn i gefn y dosbarth i 'ngwylio bob hyn a hyn. Fedrai'r un o'r ddau fod yn gas, y Parch. R. H. Hughes (y Rev. bach) a Dewi Machreth Ellis (Dewi Mach). Trist yw meddwl fod y ddau wedi marw erbyn hyn. Go brin y buaswn yn athrawes heddiw onibai i'r ddau anwybyddu llawer cam gwag a llyncu poer ! Ac ar ddiwedd y tymor gorthrwm hwn byddem yn dathlu yn swnllyd ac annisgybledig.

Yr oedd digon o bethau difyr i'w gwneud fin nos a cherddem yn ysgafn-galon drwy Sili-wen a Choed y Fenai, Mynydd Bangor a Rhodfa'r Esgob. Aem i'r sinema pan oedd Bill Haley yn ei fri a chaem de yn y *Baytree;* rhedeg i lawr y Simdde i Allt Glanrafon a chrwydro i gyfeiriad Llandegai a Chaernarfon. Yr oedd dau le yn hollol waharddedig. Dywedai deddf y Mediaid a'r Persiaid nad oeddem i dywyllu tŷ tafarn nac i fynychu lle hudolus o'r enw Jimmy's. Neuadd Eglwys Sant Iago oedd yr enw swyddogol ar yr adeilad diolwg hwn ; rhyw gwt sinc ar Allt Glanrafon lle byddid yn cynnal dawnsfeydd. Er, efallai, bod y gair dawnsfeydd yn rhoi gormod o ogoniant i'r lle. Gwaharddedig neu beidio, yno yr heidiem ar nosau Mawrth a Iau, gan wthio ein chwecheiniogau poeth i law grafangus rhyw ddynes fawr dew mewn côt biws at ei thraed. Sefyllian wrth y drws am ychydig i astudio'r dalent a gweld y foldew grafangus yn siglo fel rhyw jeli mawr piws i rhuthm y rocarôl. Yn Jimmy's y gwelais y dyn du cyntaf erioed ac ni fedrem beidio â rhythu arno. A phan ddaethom i ddeall mai Jones oedd ei enw yr oeddem yn syfrdan ac yn chwerthin wrth sylwi nad oedd ei draed yn gweddu i'w esgidiau neu *vice versa*.

Pan gawn ambell aduniad yr hyn sydd yn achosi'r chwerthin mwyaf yw hanes yr ysbryd yn Neuadd Aethwy.

Yr oedd seler yno. Un noson gwisgodd un o'r merched gynfas wen ac aeth i lawr i'r seler ychydig cyn swper gan wybod y byddai'r gweddill ohonom yn mynd i'r gegin i wneud 'paned o de. Yr oedd y lle fel afagddu. Yn sydyn, wele ddrychiolaeth yn esgyn ac yn ymddangos ar ben y grisiau. Daeth Angharad ar drot rownd y gornel, gwelodd yr ysbryd yn cyniweirio, rhoddodd sgrech waedlyd a throi ar ei sawdl ac yn syth i fynwes gwmpasog y warden a'i dyrnu yn orffwyll. Cawsom row na bu ei bath ac aeth y sôn drwy'r coleg. Rhan o'r bregeth oedd ein bod wedi bod mor ddigywilydd â defnyddio dillad gwely nad oedd yn eiddo inni ; 'doedd y ffaith fod Angharad allan o'i phwyll nac yma nac acw !

Er gwaethaf y rheolau afresymol a'r dial wrth gael ein dal yn cam-fihafio, atgofion heulog sydd gennym am y dyddiau hynny. Cofiaf yr hwyl a'r cyfeillgarwch, caredigrwydd hynod pobl fel Ambrose Bebb a Menai Williams, yr heulwen yn sgleinio ar y Fenai a bechgyn y Brifysgol yn canu serenâd ganol nos. Mae gwrthuni'r caethiwed ac arteithiau'r ymarfer dysgu, poen yr arhol-iadau a'r ewinrhew wrth gymryd arnom ein bod yn mwynhau'r addysg gorfforol ar faes y Ponciau, yn pylu'n ddim wrth eu cymharu â'r hyfrydwch a fu.

Gwaethaf ni yn ein dannedd yr aethon oddi yno yn athrawon trwyddedig !

Eisteddfod Genedlaethol Dinbych 1939 oedd y gyntaf
i mi. Brysiaf i egluro mai mewn pram yr euthum yno !
Yn ôl yr hanes, wythnos ddigon bethma fu hi oherwydd
ataliwyd y Goron a'r Gadair ac yr oedd yr Ail Ryfel
Byd ar fin ffrwydro i fywydau pobl.

Yn ystod dyddiau coleg penderfynodd criw ohonom
fynd i Aberdâr i stiwardio a dyna pryd y cafodd y
clwy eisteddfota ei afael arnaf ac y mae'n angenrheidiol
fyth oddi ar hynny gael chwistrelliad o'r cyffur bob
Awst. Sôn am hwyl ! Rhyw lun ar gysgu yn Ysgol y
Gadlys, canu a dadlau, hongian dillad ar echel lluniau'r
'stafell ddosbarth a chadw reiat tan berfeddion nos, ac
ambell hen eisteddfodwr yn gwylltio'n gaclwm wrth
golli ei gwsg ac yntau'n gorfod codi ar las y wawr i fynd
i'r Orsedd neu ragbrawf. Canu ar y sgwâr, dod i 'nabod
pobl o bob cwr o'r wlad, Mathonwy yn ennill y Gadair a
darogan dyfodol disglair i Brinley Richards !

'Doedd eisteddfota ddim yn brofiad hollol newydd,
wrth gwrs, oherwydd byddem yn crwydro o un i'r llall
yn Edeyrnion, Penllyn a Thegeingl pan oeddem yn blant;
cynhelid hi mewn pabell yn Llanuwchllyn, capel yn
Llanrhaeadr-yng-Nghinmeirch, neuadd y pentre' ym
Mryneglwys-yn-Iâl a sied wair yn Saron. Trol oedd y
llwyfan yno ! Peth doniol oedd iâr yn cyhoeddi i'r byd
ei bod newydd ddodwy ar ganol yr her unawd ! Ennill
yma a cholli acw ; cyrraedd adre ambell waith yn rhyf-
eddod o rubanau fel ceffylau siou, dro arall yn waglaw.
Y peth cyntaf a wnaem wedi cyrraedd yr eisteddfod oedd
edrych o'n cwmpas yn slei i weld pwy oedd yno ac
amcanu maint y sialens. Dweud wrth fy chwaer dan fy

ngwynt: "Mae hi wedi canu arnat ti, mae Trebor, Pen y
Bryniau yma." neu "Mae hi wedi wech arnom ar y ddeu-
awd dacw Beti a Carys Puw." 'Roedd y rhain yn beryg'
bywyd ac yn anodd eu curo ac yn wir daethant yn
enwog ar y llwyfan cenedlaethol ac ym myd recordio.
Felly nid oedd colli iddyn nhw yn achos cywilydd !

Yr oedd llwyddiant ambell 'steddfod fach yn dibynnu
llawer ar bwy fyddai'n arwain a byddem wrth ein bodd
efo dau yn arbennig, sef Pat O'Brien a Llwyd o'r Bryn.
Yr oedd y ddau yn feistri ar eu gwaith ac yn deall plant
i'r dim. Clywaf "Dene ni" yr hen Lwyd yn fy mhen o
hyd a chofiaf fod mor ddigywilydd â chywiro Pat O'
Brien unwaith ar y llwyfan. Yr oedd yn gas gennyf
gael fy ngalw yn Hefina a dywedais hynny wrtho yn
blwmp pan wnaeth y camgymeriad. "O ! haf i finna'
hefyd" meddai a chafodd faddeuant yn syth !

Ond yr oedd cael mynd i'r Genedlaethol, y "Grand
National" chwedl Norah Isaac, yn agoriad llygad. Y
fath awyrgylch, ffraethineb y Maes, llyfrau, a chymer-
iadau y nosweithiau llawen a cholli cwsg a cholli llais !
Aem adre'n edrych fel petaem wedi bwyta gwellt ein
gwely a Mam yn ein cyfarch drwy ddweud "Pe bai'r
'Steddfod yn para am bythefnos mi fuasai'r ddwy ohonoch
yn y sanatoriwm." Edrychem fel ysbrydion a'r cleisiau
dan ein llygaid yn bradychu wythnos o fod yn adar nos.
Un o anfanteision y canol-oed cynnar (cynnar, ddywed-
ais i) yw yr angen am gwsg ac atgyfnerthu ar gyfer
marathon y trannoeth a'r tradwy.

Credaf fy mod wedi callio yn fy henaint oherwydd
ugain mlynedd yn ôl pan oeddwn i a 'nghyfoedion yng
nghanol bwrlwm yr Hela ni fuaswn yn breuddwydio
dangos fy wyneb mewn esgidiau rwber (os dalltwch) na
gwisgo trowsus yn fwd o'i odre i'w fogail. Er gwaetha'r
mwd a'r llwch, y cenlli a'r cerrig, rhaid oedd edrych

yn ddeniadol. Ond, twt, erbyn hyn, y mae cael pâr
o wellingtons yng nghaban y car yn rhan annatod
o'r ddefod. Gorau oll os yw llaid y flwyddyn gynt yn
gaglau arnynt. Ni ellir chwaith hepgor pacamac a sbec-
tol haul, rhaglen y dydd a phensel, dillad cynnes a
fflasg o goffi. A rhaid gwisgo gwên eang wrth ateb am y
filfed tro : "Yma am yr wythnos ? Ble wyt ti'n aros ?
Pryd ydych chi'n dod yn ôl i Gymru ? Wyt ti'n mynd i
gael y Fedal ?"

Rhaid cydweld efo Wil Sam pan ddywedodd mai dim
ond y Cymry fuasai'n gwneud rhywbeth mor anghred-
adwy â chodi pabell enfawr a gyst filoedd, a threulio
wythnos gyfan yn cerdded o'i chwmpas mewn mwd a
gwellt ! Felly, pam yr af bob blwyddyn ? Busnesa. Ofn
colli rhywbeth. Rhyw ddewiniaeth annesboniadwy. Yma
y mae pabell y cyfarfod.

Gwelir y sebonwyr a'r cynffonwyr yn gogr-droi wrth
sodlau'r pwysigion ac os cânt eu gweld yn sgwrsio â
Bardd y Gadair neu Lywydd y Dydd yna y maent
wedi'i "gwneud hi" chwedl pobl y Rhos. Gwell fyth
yw cael peint efo'r . . . bu bron i mi ddweud yr Arch-
dderwydd ond nid wyf am enllibio neb, neu gael myned-
iad i'r cysegr sancteiddiolaf sef pabell un o'r cwmnïau
teledu. Eu dileit yw cael rhaffu enwau VIP's y buont
mor freintiedig â'u cyfarfod, a nhw sy'n gwybod pwy
sy'n cael y Goron gan fod ganddynt gyfaill yn gweithio
ar y papur cenedlaethol. Sh ! mi wyddoch pa un !
Cofiwch, mi fûm innau yr un fath ; cofiaf hanner lewygu
pan oeddwn laslances os byddai derwydd neu swyddog
neu ddyn Bibisî yn fy nghyfarch ! Diolch fod y lol yna
drosodd. Y tro nesaf y gwelwch fi mewn 'steddfod yn
sgwrsio efo pwysigddyn . . . nage . . . pwysigberson,
yna gellwch fentro ein bod yn hen gyfeillion !

Lol arall a ddiflannodd, diolch byth, yw'r hen arfer

o orfod hela drwy'r min nos i chwilio am yr hwyl, lle'r
oedd pawb yn mynd, lle'r oedd y 'scene'. Rhuthro o
westy i westy, o far i far, i geisio cael gafael ar gnewyllyn
yr Ŵyl. Pawb yn gwneud yr un peth, fel lemings.
(Edrychais yn y geiriadur am y gair Cymraeg am *lemming*
a'r diffiniad yw cnöwr bach Sgandinafaidd. Gwrthodaf
ddefnyddio'r fath erchyllbeth.) Yr oedd yr holl broses
honno fel y chwrligwgan diafolaidd o Dasmania. Mania
oedd y gair iawn. Y dyddiau hyn 'rwy'n fodlon gadael
i Fohamed ddod at y mynydd. Wel, bryncyn.

Ydy' pawb yn mwynhau'r Ŵyl neu a yw wedi mynd
yn arferiad ? Ydy'r Babell Lên ddim yn llwyd a di-sbonc
efo'i thiwn gron am yr iaith, ei hachub a'i chyflwr ?
Faint o'i deiliaid sy'n prynu llyfrau, darllen a siarad
yr iaith, pan fo'r hypnosis yn cilio ? Ydy' hi wedi mynd
yn fwrn ? Atseiniaf i'r ffurfafen. NAC YDYW !

Yn rhy fuan o lawer daw pnawn Sadwrn a gorfod
troi am adre, ffarwelio, cofia fi atyn nhw, brysiwch am
dro, wela'i di flwyddyn nesa', cymer ofal. Tarâ.

Disgleiriai'r haul ar garreg lâs y Preselau ; crawciai
brân ar goeden gerllaw, "Brad ! Brad !" ebe hi. 'Roedd
y ffordd gul yn dagfa o geir a thyrfa eang wedi ymgynnull
o gwmpas y bwthyn. Beth oedd yn eu tynnu yno,
meddech chi ? Nid rasus ceffylau na chladdedigaeth na
damwain, ond arwerthiant bwthyn a phawb wedi hel
o'r cyffiniau "i weld faint wnaiff e". Pobol wladol,
garedig, fusneslyd.

Bwthyn di-nod anghyffredin oedd o ; un ystafell a
chegin chwerthinllyd o fechan. Dim lle yno i na thelyn
na rhewgell nac i grogi cath. (Fel cath-addolwr nid
wyf yn rhy hoff o'r ymadrodd . . .) To sinc oedd ar y
gegin a grisiau cul, cul, cul, i fyny i'r llofft. Mor gul
nes bod rhaid cerdded wysg eich ochr 'run fath â cheffyl
snobs mewn cystadleuaeth *dressage*. Wedi cyrraedd y
llofft rhaid oedd sefyll yno yn eich cwman oherwydd y
nenfwd isel gan achosi lymbego hyd dragwyddoldeb.
Ffenestri bach, a dim dŵr yn y tŷ. Welwch chi'r lle ?

Beth oedd yr apêl, tybed ? Mae'r ateb yn un amlwg :
distawrwydd llethol Penfro, y mynyddoedd yn lasddu
o'n cwmpas, awelon llariaidd Llys y Frân gerllaw, di-
hangfa o'r hwrli-bwrli mawr ; brefiadau, telori, crawcian ;
persawrau'r wlad a sisial y dail yn hwiangerdd gyda'r
nos. Paradwys.

Euthum yno gyda chyfeillion oedd â blys prynu'r
bwthyn ; Cymry Cymraeg o'r ardal yn paratoi ar gyfer
eu hymddeoliad ac yn awyddus i fynd yn ôl i'w gwreidd-
iau. Dau a fuasai'n gaffaeliad i unrhyw ardal. 'Roedd-
ynt eisoes wedi cynnig pedair mil i'r perchennog amdano
y diwrnod cynt, ond wedi iddo gael gair â'r arwerthwr

a gwrando ar ei gyngor, penderfynu ei roi ar ocsiwn a wnaeth. O ! mor gyfrwys oedd yr arwerthwr. Sarff mewn gwisg blaidd. (Peidiwch â gwaredu, mae cymysgu trosiadau yn ffasiynol.)

Safem yno yn heulwen gynnes yr haf a 'nghyfeilles wedi dodrefnu a chynllunio gwelliannau a phlannu'r ardd ganwaith yn ei dychymyg. Wedi'r cwbl yr oedd tipyn o dir yn perthyn i'r lle, digon i adeiladu tipyn ac i gadw mul a chwningen a hwyaden neu ddwy. Yng nghanol yr hel meddyliau llesmeiriol hyn clywais ym-dawelu a sylwais fod yr arwerthwr wedi cyrraedd yn ei gerbyd drud. Safodd ar gadair a oedd yn gwegian dan ei bwysau a dechreuodd ddisgrifio'r bwthyn a'i beintio fel palas bychan yng nghefn gwlad Cymru. Swniai'n ddi-fai. Swniai'n jest y peth. "Edrychwch o'ch cwmpas," ebe fe, "Beth welwch chi ond eangderau tawel y Preselau. Dim byd i darfu ar eich bywyd nag i amharu ar nerfau tynn yr oes. Wele'r mynyddoedd yn sgleinio yn yr haul. A wyddech chi mai llechen y Preselau sy'n gorchuddio to Palas Westminster ac mai meini'r Preselau sy'n ffurfio cylch a phedol mewnol Côr y Cewri ?"

Y cynnig cyntaf oedd pedair mil ac aeth yn bump mewn eiliad. 'Chafodd fy nghyfaill mo'i big i mewn ac esgynnodd aeliau huawdl i'r entrychion. Tawelodd ei wraig yn syfrdan ulw a syrthiodd ei gwep. Y tu ôl inni safai bardd, nid anenwog, a simsan y safodd yntau mewn syndod mud. Clywem Gymry'r ardal yn sibrwd ac yn ysgyrnygu. Pob un o'r farn fod y pris uwchlaw pob rheswm ac na ddylid ei werthu i estron. Pob un yn rhegi'r Saeson dan eu gwynt, pob un yn drwyn i gyd. Disgynnodd carreg i bwll fy stumog a diflannodd pob gobaith am wyliau haf rhad mewn bwthyn ym Mhenfro. Pan gyrhaeddodd y bargeinio chwe mil, newidiodd y bwthyn yn sydyn a datblygodd yn furddun anghyfleus,

yn dwll o le anghysbell. Pwy yn ei iawn bwyll a fynnai
fyw yn y fath feudy o le ? Dim dŵr i dap, gormod o bobl
ddwad, gwynt traed y meirw'n chwyrnellu heibio drwy'r
gaeaf, niwl trwchus enwog yr ardal, lymbego hyd dra-
gwyddoldeb, dim lle i na thelyn na rhewgell nac i grogi
. . . Pwy edrychai ar y lymbar lle eilwaith ? Nid y ni,
o na. Digwydd pasio'r oeddem ni.

Y mae digonedd o fythynnod eraill ym Mhenfro
mewn llecynnau llawer mwy cyfleus ar gyrion Aber-
gwaun, uwch crochan Pwll Deri wrth gapel Harmoni a
Threfaser, Treletert a Chas Newy' Bach, yn Llan-
dudoch neu Drefdraeth neu Gasmael. Digonedd o
ddewis, ebe ni, yn llywaeth wrth glywed morthwyl yr
arwerthwr yn diaspedain a'r bwthyn yn eiddo i Saesnes
drwyngoch o gyffiniau Stryd y Fflyd. Am saith mil o
bunnau. Wedi ennyd stond o syndod daeth cymeradwy-
aeth fyddarol gan y dorf oedd wedi dod i weld 'faint
wnaiff e'. Edrychodd pâr o lygaid helyg fy nghyfaill
arnaf mewn gwae a sgleiniodd sbectol ei wraig mewn
digofaint yn yr haul. Y fath daeogrwydd cyfoglyd o du'r
dyrfa wrth glapio'r Saesnes, ar yr un pryd yn wfftio
wrth ein cyfeillion am y fath wrthunbeth. Y fath dorf
ddauwynebog Geltaidd ! Yr unig un nad oedd yn curo
dwylo oedd henwr a safai'n unig dan y goeden yr ochr
arall i'r hewl. Magwyd ef yn y bwthyn drws nesaf ac
yr oedd lleithder yn ei lygaid wrth sylweddoli mai rhywun
' o bant ' a ddôi'n gymydog iddo.

Wrth loetran am ychydig funudau clywsom rai o gelfi'r
lle yn mynd dan y morthwyl a phalfau'n crafangu am
ddwsin o blatiau (yn hyderus fod un Meissen yn eu plith
efallai) a hen fangl a chyllyll wedi rhydu a chadeiriau
a'u coesau a'u hasennau fel hidlau, jygiau'n blastar o
wythiennau gypswm, mygiau coroni a phob math o darn-
glins. Trodd y bardd (nid anenwog) ar ei sawdl a'i

gynghanedd yn merwino'r awel. "Dyna hoelen arall
yn arch Cymru," meddai. Aethom adre'n dawedog.
Naw wfft i'r hen hofel. Bu gwraig fy nghyfaill yn blag-
ardio drwy'r min nos yn ei siomiant.

Nawr, bedair blynedd yn ddiweddarach y mae'r
bwthyn yn dal yn wag a bron â mynd a'i ben iddo.
Methodd y Saesnes o gyffiniau Stryd y Fflyd â phwrcasu
morgais a chollodd y perchennog ei arian. Nid oedd yr
arwerthwr glwth mor gyfrwys, mor fydol, wedi'r cyfan.
Cafodd fy nghyfeillion dŷ hardd o fewn sŵn morloi Pwll
Deri ac y mae cymeradwyaeth chwit-chwat y dyrfa wedi
ymdoddi i garreg las y Preselau ac wedi mynd yn rhan
o dir Cymru i wenwyno'r rhedyn a'r grug a'r banadl.
Pan euthum heibio'n ddiweddar 'roedd y frân yn dal ar
y goeden yn llafar grawcian : "Brad ! Brad."

RHAN II

LLUNDAIN A'R BYD

Fis Medi 1957 deuthum i Lundain yn athrawes ifanc a
diniwed yn llawn hyder ac egni ac uchelgais. Dim
blewyn gwyn yn fy ngwallt na chrychni yn draed brain o
gwmpas fy llygaid. Fel y cwympodd y cedyrn ! 'Roedd
gen i ffydd wirion yn naioni dynoliaeth a rhagfarn iach
o blaid plant. Ni wyddwn fod plant Llundain a phlant
Dyffryn Clwyd o frîd gwahanol, yn wir, o blanedau
gwahanol.

Gofidiwn fwyaf am nad oeddwn yn meddwl y medrwn
siarad Saesneg drwy'r dydd heb dorri i lawr a chagio.
Fel y bu ryfeddaf, nid oedd angen poeni. Nid oeddwn
i'n deall yr un gair a ddywedent ; nid dyma'r Saesneg a
ddysgais i ! Sefyllfa ddelfrydol ; nid oeddem yn deall
ein gilydd. Os ydych yn un o ganlynwyr y rhaglen
deledu a elwir y *Sweeney* mi welwch be' sy gen i. Y mae
gan y Cocnis eu hiaith eu hunain, fel y gwyddoch, yr
un fath â chofis C'narfon, ond ei bod yn odli. Iaith yw
hon a ddeilliodd oddi wrth y *coster-mongers* er mwyn
medru twyllo eu cwsmeriaid. Er enghraifft : *apples and
pears* yw grisiau ; *whistle and flute* yw siwt ; *elephant's trunk*
yw meddw. Fel arfer dim ond y gair cyntaf a ddefnyddir
a rhaid dyfalu beth allai'r ail air fod ac yna ei odli.
Dichellgar iawn. A daw rhai newydd o ddydd i ddydd
ac y mae hynny'n ei gwneud yn iaith fyw a lliwgar. Pan
sylweddolant eich bod yn deall eu hiaith gyfrin, newid-
iant yr idiom ! Rhai cyfrwys yw'r Cocnis. Heb gael yr
allwedd nid oes modd i chwi ddeall rhaglen y *Sweeney*.
Barbwr yn Stryd y Fflyd oedd Sweeney Todd, perchen
cadair a wyrai'n ôl gan daflu'r cwsmeriaid bendramwn-
wgl i'r seler ac wynebu diwedd ysgeler. (Dyma finnau'n

cael yr haint odli, rwan !) Be' sy'n odli efo Sweeney
Todd ? *Flying Squad* ! A dyna'r rhaglen yn glir.

Er cystal y coleg a gefais, nid oeddwn yn barod am
yr arteithiau a'm hwynebodd yn ysgolion Llundain. Yr
iaith anweddus, yr anghwrteisi a'r bygwth. Gallai un-
rhyw wers ddatblygu'n gyflafan. Dywedais wrth rywun
yn ddiweddar fy mod heb ddadflino ers ugain mlynedd.
Ac yr wyf, erbyn hyn, yn hollol ansiociadwy. Ofnaf
hefyd mai ychydig a fu fy nylanwad arnynt. Cwrddais
ag un o'r hen blant yn ddiweddar: "Helo, Miss Jones,"
ebe llais y tu ôl i mi, ac er i mi golli'r cyfenw hwnnw
bron i bymtheng mlynedd yn ôl, parhaf i ymateb iddo.
Ebe hi wrthyf : "Wna'i byth eich anghofio chi." Minn-
au'n ymsythu yn y fan ac yn dechrau credu nad ofer
fu'r cyfan. "Ie," ebe hi, " 'roedd eich gwallt bob amser
yn neis." *Collapse of stout party.*

Bydd yn newydd ysgytiol i rai ohonoch pan ddywedaf
mai Ysgrythur yw'r pwnc a ddysgaf. Nid af ar ôl y
'sgwarnog honno. Cofiaf ddramateiddio hanes Iesu
Grist yn glanhau'r Deml. Llencyn cegog yn mynnu
cael actio rhan Crist â riwlar yn ei law. Safodd yng
nghanol y Deml (llathen sgwâr o flaen y bwrdd du) a
gwaeddodd : "Get the 'ell outa 'ere and take them blee-
din' lambs wiv ya." Nid cablu yr oeddwn wrth chwerthin
nes oeddwn yn llefain.

Wrth edrych drwy ddyddiadur y flwyddyn gyntaf
honno, y bedydd tân hwnnw, yr hyn a ymddengys ynddo,
ddydd ar ôl dydd, yw : wedi blino ; dim arian ; wedi
cael llond bol ; mynd i'r Clwb. Er gwaethaf ffaeleddau
Cymry Llundain (a gwn bod gennym elynion marwol)
rhaid yw cadw chwarae teg oherwydd yr oedd y Clwb
yn noddfa i mi yr adeg honno. Credaf y buaswn wedi
drysu hebddo. Cwmni da a chanu a dawnsio. Cael
gwahoddiad i swper a chymorth hawdd ei gael mewn

cyfyngder. 'Roedd llawer o Saeson o fannau anghysbell yn dod yma'n athrawon ac yr oedd amryw ohonynt yn unig a digalon am nad oedd man cyfarfod ganddynt. Fedrwch chi ddim disgwyl cael Clwb y Saeson yn eu prifddinas eu hunain, na fedrwch ? Ac eto, wrth ail feddwl, cofiaf fod Clwb Cymraeg ym mhrifddinas Cymru ! Ond yr oedd yr alltudion hynny o Efrog a Dyfnaint a Chaerloyw yn genfigennus iawn ohonom ni yn cael hafan yn Grays Inn Road.

Dechreuwyd ffurfio criw a chwrdd ar nos Wener, a datblygodd hyn yn gwmni Noson Lawen a datblygodd hwnnw'n Aelwyd yr Urdd gyda chant a hanner o aelodau ar un adeg. Dosbarthiadau Cymraeg yn dechrau ; Ysgol Gymraeg yn agor ; Cornel y Llenorion yn llewyrch-us ac Eisteddfod y Cymdeithasau yn llwyddiannnus. Honno yw oes aur y Clwb. Dyna'r gogoniant a fu. Credaf y dylai rhyw fyfyriwr sy'n chwilio am bwnc i wneud gwaith ymchwil feddwl am astudio hanes Cymry Llundain ; mae toreth o ddefnydd ac y mae'r hen laeth-wyr yn diflannu. Dylid rhoi eu hatgofion ar gof a chadw.

Daeth cryn hanner cant ohonom o'r Coleg Normal y flwyddyn honno ac yr oedd mynd i ddawns i'r Clwb ar nos Sadwrn yn union fel cerdded i mewn i 'hop' y coleg. Dim ond tri ohonom sydd ar ôl. Diflannodd y gweddill, y mwyafrif i Gymru lle maent yn gaffaeliad i lawer ysgol a chymdeithas. Mae'n chwith ar eu holau ond nid wyf yn gwarafun i Gymru gael ei phlant yn ôl.

Wrth ymgolli yng ngweithgareddau'r Aelwyd a'r Cwmni Drama, y Cymmrodorion, y capel a'r Clwb Llyfrau, medrwn anghofio problemau didostur yr ysgol. Ar yr un pryd, pan dyfodd yr hyder, daethom yn gyf-arwydd â bywyd cyffrous y ddinas. Aem i glybiau jazz Cy Laurie a thafarnau coffi a oedd yn fawr eu bri yn Soho yn y pumdegau. Yr adeg honno yr oedd yn hollol

ddiogel i ddwy ohonom gerdded drwy strydoedd amheus
Soho a Phicadilly heb ofni gair na gweithred. Heddiw,
pur wahanol yw hi. Ni allaf fentro allan drwy ddrws
fy nhŷ ar fy mhen fy hun. 'Rwy'n garcharor i gar modur.

Yn ôl yr ystadegau nid yw athrawon Llundain yn
cyrraedd oed yr addewid ac y mae'r Llywodraeth yn
elwa arnom drwy ffrydio ein pensiynau (a gymerwyd
allan o'n cyflogau misol) i gyfeiriadau arall. Tywall-
twyd galwyn o jeli i'r piano un Nadolig a phan eisteddais
wrtho i gyfeilio i'r carolau y cwbl a ddaeth allan oedd
rhyw ochenaid aflafar. Edrychodd y Brifathrawes a'r
rhesaid rheolwyr arnaf fel hebogiaid wrth weld ysgly-
faeth. Ond yr oedd nodau'r berdoneg wedi fferru a
glynai fy mysedd yn ei gilydd. Ond y mae hanes y jeli
yn pylu pan gofiaf am ddiwrnod mawr y wibdaith i'r
Sŵ. Cafodd y sebras hysterics, aeth pob llew ac eliffant yn
lloerig ac achoswyd pandemoniwm pluog yn yr adardy,
ond yr hyn a goronodd y cyfan oedd darganfod pengwin
yng nghesail Bili O'Brien ar y bws yn ôl. Mae Bili
wedi'i serio ar f'enaid. Nid yw bellach gyda ni. Ar ôl
dwyn y pengwin, gollwng poteli llaeth o'r seithfed llawr
a tharo hen wreigan ar ei gwegil, agor pob tap nwy yn y
labordy, tagu'r pysgod aur o'r pwll yn yr iard, cicio
ysgol i lawr pan oedd y glanhawr ffenestri'n digwydd
bod arni a llosgi gwaith ymchwil misoedd o lafur yr
athro gwyddoniaeth, daethpwyd i'r casgliad nad oedd
Bili yn rhy hapus yn yr ysgol. Y mae, erbyn hyn, mewn
lle diogelach ! Ac wedi elwch . . .

Amheuaf mai fo hefyd a deliffoniodd yr ysgol un amser
cinio i ddweud fod bom yn y swyddfa. "Ydych chi'n
siwr?" ebe'r Brifathrawes. "Ydw, miss," ebe'r llais.
Druan o Bili hefyd. (Onid hawdd dweud hynny ar ôl
cael gwared ohono ?) Gelwais yn ei gartref unwaith er
mwyn cael sgwrs â'i dad a gweld a fedrem helpu'r

plentyn. Ni welais erioed gartre tebyg. Lloriau noeth oedd yno a dau ddodrefnyn yn unig, cadair freichiau gwmpasog a set deledu lliw. Y tad yn gorweddian yn y gadair a'r fam a deg o blant yn crwmpian ar lawr. Byddai'r plant yn bwyta allan o blatiau metel oddi ar y llawr, bys a bawd, nid oedd na chyllell na fforc ar gyfyl y lle. Pa ryfedd i Bili ddwyn pengwin o'r Sŵ a llindagu eurbysgod yr ysgol ? Nid yn unig yr oedd arno eisiau bwyd ond hefyd eisiau sylw.

Ar ôl delio â phlant o'r fath am dros ugain mlynedd medraf eich sicrhau nad anwir yw'r ystadegau y soniais amdanynt. Mi ddylwn fod wedi gwrando ar fy Nhaid. Pan glywodd fy mod yn mynd i Lundain dywedodd fy mod yn mynd i le anghysbell iawn. Gwir a ddywedodd.

YN LLUDW LLWYD

Yn sydyn ryw fore yn y flwyddyn 79 Oed Crist cafodd
dwy fil o bobl ddiwedd erchyll a chafodd miloedd eraill
fraw dychrynllyd. Gwylltiodd llosgfynydd Feswfiws yn
yr Eidal, crynodd mewn cynddaredd, daeth chwyrnu
peryglus o'i grombil a phoerodd ei ddigofaint ar ddinas
Pompeii a swatiai wrth ei draed. Bu'n anesmwyth am
ryw ddeng mlynedd cyn hyn a throdd y mynydd cys-
godol yn elyn marwol a llifodd ei lafa angheuol i lawr
ei forddwydydd a saethwyd lludw a meini eiriasgoch
gannoedd o droedfeddi i'r awyr cyn disgyn ar ddinas
Pompeii a'i thrigolion gwirion.

Yr oedd y peth mor anhygoel a didostur o sydyn,
ond er gwaethaf hynny medrodd cannoedd ddianc mewn
pryd. Erbyn hyn y mae hynafiaethwyr wedi cloddio a
chawn ryw amcan o'r alanastr a fu. Gwelwn y dinas-
yddion yn eu cwman, mam a'i breichiau am ei phlentyn,
dynion a'u dwylo yn ceisio cuddio eu hwynebau oddi
wrth y lludw dychrynboeth a oedd yn bwrw arnynt
o'r awyr, cŵn a'u safnau ar agor mwn gwewyr, tai a
siopau a themlau yn cael eu claddu a'i distewi yn y tagu
a'r mygu. Disgynnodd deg troedfedd ar hugain o ludw
a llosgfaen ar y dref. Dychmygwch y sgrechiadau a'r
gweiddi ingol, ceffylau a chŵn yn oernadu, cerbydau
yn dymchwel a llestri yn deilchion. Yna distawrwydd
llethol. Tawelodd yr hen fynydd llofruddiol. Dim ond
pwff o fwg yn esgyn yn syth i awyr ddilychwin yr Eidal
oedd yn bradychu'i fod yn dal i andlu rywle yn ei ber-
feddion. Nid oedd na siw na miw yn ninas Pompeii,
dim ond murddunod a chyrff llonydd o dan y cols. Dim
bywyd. Dim gobaith. Felly y bu am gannoedd o flyn-

yddoedd nes daeth y cloddwyr a darganfod anferthedd yr yr anrhaith.

Ymwelais â Phompeii ddwywaith. A hoffwn fynd eto. Ni feddyliais y gallai lle o'r fath wneud y fath argraff arnaf. Cefais yr un teimlad yn Nhyddewi ac yng Nghôr y Cewri ; croen gwydd yn cerdded dros fy nghorff a 'nhafod yn sychu. Y syndod cyntaf oedd gweld mawredd y lle ; yr oedd yn dref helaeth, mae'n amlwg, ac nid yw ei hanner wedi'i dadorchuddio hyd yn hyn. Yr oedd yno filltiroedd unionsyth o heolydd, adeiladau a neu-addau cynhwysfawr, tai'r cyfoethogion a siopau o bob math. Aceri ac aceri ohonynt. Cymer oriau i gerdded a gweld popeth ond y mae'n werth yr holl flinder.

Fel y dywedais, y peth cyntaf a welir yw'r strydoedd sythion yn diflannu i'r pellter a cholofnau ar y gorwel. Yma y cafodd Stevenson y syniad am fesur y *gauge* i'r rheilffordd a adeiladodd ym Mhrydain. Bob rhyw ddec-llath y mae maen ar ganol y stryd. Yr oedd dau bwrpas i'r meini hyn sef arafu'r cerbydau drwy ofalu nad oedd yr echel ond ychydig fodfeddi yn uwch na'r garreg a pheri i'r drafnidiaeth beidio â hyrddio i lawr yr heolydd fel Jehu ; y pwrpas arall oedd er mwyn i'r cerddolion fedru croesi. Ar bob ochr i'r heolydd ar y palmant yr oedd carreg wen bob llathen fel y medrai'r cerbydau weld y ffordd yn y nos. Felly cawsom weld spîd limit, croesfan pedestrian a llygaid cathod y Rhufeiniaid !

Ar bob ochr i'r strydoedd yr oedd tai a siopau ; rhai ohonynt yn dra goludog gyda'u lloriau marmor brith gystal â newydd. Gwelais siop y pobydd a'r bara yn sypiau du ar y byrddau ac yn y popty ; cawsant bobiad annisgwyl ! 'Roedd gwaith aur ac arian yng nghyntedd tŷ'r maer a chi danheddog wedi'i gerfio ar y llawr mewn mosaic gyda'r geiriau *cave canis* o'i flaen. Gwyliwch y ci ! I lawr heol arall a heibio i Deml Apolo a'r Fforwm lle byddai pawb yn hel am glec a chlonc o gwmpas y colofnau cerfiedig. Heibio i'r farchnad a'r dafarn a thŷ enfawr arall gyda phwll nofio dan gysgod coed a phlanhigion gwyrdd a oedd yn hafan deg yn haul canol dydd yr Eidal.

Gweld tyrfa winglyd y tu allan i adeilad a meddwl tybed beth oedd yn eu hudo. A ! dyma deml Cariad. Neu a'i roi yn blaen, y puteindy. Chaiff plant ddim mynediad yma. Gan fod deugain o blant wrth fy nghyn-ffon rhaid oedd edrych yn ddiniwed a chroesi'n fân ac yn fuan cyn iddynt sylweddoli swyn y lle. Ar f'ail ymweliad cefais fynd i mewn heb iddynt fy ngholli a gwelais y darluniau anllad ar y muriau a'r cerfluniau erotig. Rhyw fath ar affrodisi ac mae'n amlwg, meddyl-iais, wrth lygadrythu ar y satyriaid, wedi'u breintio mewn mannau arbennig. Os mai dyma oedd ymffrost dynion Pompeii 'does ryfedd i dduwiau'r llosgfynydd fynnu eu cosbi am eu trahauster. Digon diddorol, rhaid addef. Ac ni wn pam y gwaharddwyd y plant oherwydd gwn i sicrwydd eu bod wedi gweld pethau llawer gwaeth yn strydoedd cefn Llundain. Os buoch yn Soho yn ddiweddar gwyddoch beth a olygaf. Yr wyf wedi fforffedu cylchgronau oddi wrth y plant yn yr ysgol a fuasai'n codi gwallt eich pennau ; maent i'w cael dros y cownter ac yn cynnwys lluniau na feiddiai'r un llyfr meddygol eu dangos. Mae Pompeii yn llywaeth o'i gymharu !

Mae baddonau'r hen ddinas yn werth eu gweld. Yr oedd yr hen Rufeiniaid yn rhai peniog ac yn defnyddio gwres canolog ac yn ymwybodol o werth baddonau urdd-asol. Yno yr oedd seddau lle'r eisteddai'r dynion gyda'u gwydrau gwin cyn mentro i'r stafell ager lle caent chwysu'n braf, yna i gell arall lle caent eu maldodi gan dylinwraig gydag olew llesol, wedyn i gell a elwid ffrigidariwm, a oedd yn oer fel marwdy, cyn plymio i ddŵr poeth, moethus, dioglyd. Digon tebyg fod y bywyd yn y ddinas yn eithaf llygredig. O'r puteindy i'r baddondy lle byddai joch o bistyll rhewllyd y ffrigidariwm yn lladd effaith cartŵnau erotig y deml gariad.

Yma ac acw gwelir creiriau. Cyrff yn ddu dan ludw yn y ffurf ingol y buont farw, eu breichiau yn eiriol a'u hwynebau yn grebachlyd gan arswyd. Gwelir esgyrn eu sodlau a'u penglogau yn ymwthio drwy'r llosgfaen. Echrydu eto wrth ddychmygu'r fath farw annaearol. Holais yn grynedig os yw Feswfiws yn dal yn fyw. Ydyw, oedd yr ateb, ond cysgu y mae efe. Edrych arno o gornel llygad ; a chlywais ru yn fy nghlustiau a pharlyswyd fy nghoesau ennyd. Ond yr oedd y tywysydd yn ein galw a rhaid oedd ei ddilyn i rythu ar fwy o ryfeddodau. Rhaid peidio â hel meddyliau.

Wrth gwrs ac wrth lwc, 'roedd plentyn ar goll, ac anghofiais am fy nychmygion hurt. Digon i'r diwrnod ei ddrwg ei hun. Cyn hir cefais afael yn y ddafad golledig ar ei bedwar yn ceisio smyglo i mewn i'r puteindy yn sgil y dorf. "Eisiau gweld y lluniau budr, miss." Rhaid oedd ei ddarbwyllo nad oedd dim byd arbennig yno, ond nid wyf yn meddwl ei fod yn fy nghoelio oherwydd sylwodd ar y goleuni od yn fy llygaid a'r edrychiad huawdl a deflais tuag at fy ngŵr. Na phoenwch am wario'ch arian prin ar lwch corn rheino. Ewch i Bompeii.

ESGYN GYDA'R LLUOEDD

Ynys y Dedwyddwch oedd enw Homer ar Teneriff, un o ynysoedd y Caneris. Pan euthum yno cefais ormodedd o fananas ; yn wir methwn ag wynebu bananas am fisoedd ar ôl hynny. 'Does gen-i ddim byd yn erbyn y ffrwyth, cofiwch, heblaw ei fod yn dueddol o'ch rhwymo'n gorcyn, ond y mae eisiau sens hefyd. Wedi pythefnos o farmaled banana, jam banana, stwnsh banana, banana poeth a noeth, yr oedd angen nerth i eistedd wrth y bwrdd heb gyfogi ! Ond chwarae teg i'r ynyswyr, rhaid iddynt ddefnyddio'r hyn sydd wrth law, mae'n debyg. Tyfai'r coed hyn ar hyd a lled yr ynys, o gwmpas y gwesty gan ladd heulwen y bore wrth y ffenest, i fyny'r terasau y tu ôl inni ac ym mhobman hyd y gorwel. Rhyw goed heglog ydyn nhw gyda'u dail anferth a'u bwndeli cnotiog o ffrwyth gwyrdd yn hanner ymguddio yn y cangau. Maent yn fwyd beunyddiol i'r ynyswyr ac yn ennill arian trwy allforiaeth.

Wrth sodlau'r coed hyn tyfai rhodres o flodau aderyn paradwys, yn afrad ei liwiau, toreth o hibiscws yn hollti'r sychder yn ei wisg ysgarlad, cnwd gwyrthiol o flodau'r bougainvilia a thafod mam-yng-nghyfraith yn glympiau gwyrdd-felyn yn llafnu'r awel. Coeden ddieithr iawn a welir yno yw Coeden y Ddraig. Dyma un o'r coed hyllaf a'm swynodd erioed gyda'i boncyffion clymedig fel gwythi fáricos. Mae llawer o lên gwerin yr ynys yn ymwneud â'r goeden hon, rhyw fath o *Igdrasil* a berthynai i'r Guanches, sef brodorion gwreiddiol yr ynys. Cawsant eu herlidio a thagwyd eu diwylliant gan ymerodraeth Sbaen ond yma ac acw medrir adnabod hil y Guanches. Maent yn felynwallt a llyfngroen a'u llygaid

74

gwisgi yn eich atgoffa o lygaid y plant dieflig hynny yn
un o nofelau John Wyndham. Defnyddiai'r ynyswyr
gwreiddiol hyn sudd Coeden y Ddraig i berarogli cyrff
eu meirw.

Yn frenin ar yr ynys y mae mynydd Teidi, llosgfynydd
cysglyd ond yn chwyrnu ac yn ymystwyrian yn ei hun
fel pe bai am ein hatgoffa nad yw mewn cwsg oesol.
Dim ond cael cyntun y mae o. Ffrwydrodd ym 1783
gan ddifa'r ynys a'i thrigolion yn llwyr a chafodd bwl
bach arall ym 1910 ac y mae'n dal i fygu a chwythu
bygythion byth oddi ar hynny. Taflwyd y ddwy ddinas
sydd ar yr ynys i banig llwyr a syrthiodd rhai o'r adeil-
adau yn Santa de la Cruz a Puerto de la Cruz a thaenwyd
llwch du ar ynys gyfagos Lansaroti.

Aethom i fyny'r mynydd ryw fore braf pan oedd ei
gorun tan gaddug. 'Roedd yn daith ddwyawr yn y bws
i fyny elltydd creigiog a'r fforestydd pîn yn arogldarthu
o'n cwmpas. Yr oedd ochrau'r cloddiau yn rhyfeddod
o haenau lliwgar yn brawf o'r danchwa' anhygoel ben-
dramwnwgl a fu ; meini anferth, clogwyni glasbiws a
chreigiau melynddu yn strim-stram ar hyd y lle. Rhaid
oedd aros mewn un man arbennig er mwyn cael gwaredu
uwch un graig a elwid yn Deisen Briodas Seisnig ;
haen o liwiau porffor a glas, gwyn a du, bob yn ail â'i
gilydd yn sgleinio yn yr haul, ac arogl y dail iwcalyptws
yn ein meddwi. Pentyrrau o onics a pherl yn gymysg
â'r hibiscws yn sisial ac yn siglo yn yr haul.

Wedi dringo rhyw chwe mil o droedfeddi ni allai'r
cerbyd fynd ymhellach a gwelsom ein bod wedi cyrraedd
y crater isaf, yn grwn berffaith, haen ar ôl haen o lafa
wedi fferru, fel môr o fwd amryliw yn ymnyddu am
filltiroedd. Yr oedd y crater hwn yn hanner can milltir
o gylch ac yn ei ganol yr oedd crater arall ac allan o
hwnnw esgynnai mynydd Teidi, unarddeg mil o droed-

feddi i'r awyr. Ar ôl llygadrythu arno, y peth nesaf a
wnaethom oedd ymwthio i gadair-godi ac aeth fy ngha-
lon i'm hesgidiau pan ddechreuodd duchan a gwichian
ymlusgo ar ei ffordd, yn arbennig pan welais blât yn
ein hysbysu "Gwnaed yn yr Eidal". Wedi gweld
gyrwyr ceir dinasoedd Napoli a Rhufain, a chwit-chwat-
rwydd Lladin y trigolion gwaedboeth, ofnais am fy nyf-
odol. 'Roedd pedair mil o droedfeddi o esgyn yn y caban
yn esmwyth a di-boen, er i un Almaenes swynogaidd yr
olwg gael sterics ar y ffordd ! A chefais innau dipyn o
fraw hanner y ffordd i fyny wrth i'r caban newid o un
wifren i'r llall, arafu sydyn a chlec, a chofio gwraig
Lot wrth edrych yn ôl i'r dyfnderoedd oddi tanom a'r
milltiroedd o wifrau yn dirwyn yn grynedig i'r pellter.

Ond, O ! y fath olygfa. Gwelem yr anialwch o ludw,
yn union fel tirlun o'r lleuad, ac ysblander gwefreiddiol
naw can erw o fforestydd pîn fel gwregys o gwmpas y
crateri.

Wedi cryn hanner awr o ddringo llafurus dyma ni'n
rhoi troed ar lwyfan cyn cerdded ar dir soled unwaith
eto. 'Roedd eira dan ein traed a mwg tawel yn treiddio
trwyddo heb ei feirioli ; teimlem y gwres o'r creigiau a'r
cerrig o'n cwmpas ac yr oedd aroglau'r brwmstan yn
gryf. Aeth rhai i fyny fil arall o droedfeddi at galon y
mynydd a diflannu'n sydyn fel pe bai'r hen begor wedi'u
llyncu yn fyw. Yno yr oedd y mwg yn fwy trwchus ac
aroglau'r brwmstan yn dewach a theimlwn nad oedd
Teidi yn cysgu yn ddigon trwm i dawelu f'ofnau i, beth
bynnag.

Tynnu lluniau. Fi ar Teidi. Fo ar Teidi. A gwybod
na fuasai'r darluniau yn gwneud cyfiawnder ag ehangder
annaearol y lle. Cerdded o gwmpas ar hyd llwybr
pwrpasol a phwyso ar y canllawiau a gorfoleddu'r olygfa

islaw, y crater llwyd, ynysoedd eraill y Caneri yn codi'n ddu o'r môr ac amlinell borffor Affrica yn y pellter.

"Mae hi fel diwrnod y Creu," ebe fi, "yr holl lwydni a'r gwyrddni, y carped crebachlyd, y distawrwydd bygythiol, anhrefn y creigiau a'r meini a'u traed i fyny, a'r ager yn cyhwfan uwch ein pennau." Nid oedd nac aderyn nac anifail, dim ond diffeithwch sleclyd.

" 'Rydym fel Adda ac Efa," ebe fi wrth fy ngŵr. "Hoffet ti afal ?" gofynnodd ef yn ddireidus. "Diolch," ebe finnau yn ddifeddwl.

'Welais i erioed bysgod hyllach. Rhai pinc gwan, 'run lliw â dwylo cigydd neu gnawd cwningen. Nid oedd ganddynt lygaid. Yr enw arnynt yw pysgod dynol oherwydd lliw atgas eu crwyn ac y maent yn gyntefi,g gynoesol, ac yn byw mewn ogofâu yn Iwgoslafia.

Yn y rhan o Slofenia a elwir Karst y mae ogofau byd-enwog Postojna. Uwchben y mae fforestydd a sychdir, dyffrynoedd a chreigiau a erydwyd gan ganrifoedd o gawodydd. Islaw hyn i gyd y mae byd tanddaearol a grewyd gan Natur, ac afon a newidiodd ei chwrs a dyfalu ei ffordd drwy'r tir calchog, ei fylchu a'i ail-wampio, ac a lifodd yn ddi-droi'n ôl am filoedd o flyn-yddoedd, nes diflannu dan y ddaear. Y mae'r rhan fwyaf o'r Karst yn dir hesb dan lwyni a chreigiau a thir coch tlodaidd ; fe'i cresir yn yr haf gan yr haul tanbaid ac yn y gaeaf fe chwyth gwynt cras y *bora* gan hyrddio tua'r môr.

Yn araf a didostur y mae dyfroedd yr afon nerthol, diferion y glaw a charbon diocsid wedi erydu'r calch a chreu gwagleoedd eang. Crewyd tair mil o ogofâu a'r mwyaf rhyfeddol a mawreddog yw Postojna. Y mae cwrs yr afon wedi tyllu ei ffordd drwy'r creigiau a'r diferion wedi creu pibonwy a physt calch, llenni calch a phyramidiau hollol anghredadwy eu lliw a'u llun. Ym-dodda'u lliwiau llaith o binc i frown i lwyd i ddu a'r cyfan yn enfysu yn y gwagle. Y mae'r pibonwy a'r pyst mwyaf dros ddeugain mil o flynyddoedd oed. Yn y dyfnderoedd llaith trig chwilod ogof, pryfed cop, ceiliogod rhedyn ac wrth gwrs y *Proteus anguinus* sef y pysgod dall

y soniais amdanynt gynnau. Ni welir y rhain yn unlle
arall.

Wrth deithio i gyfeiriad agorfan Postojna fe sylwn ar
y castell fel nyth eryr uwchben, yn furddun ers traw-
iad mellten ym 1689, a chawn olygfa odidog o ddyffryn
Pivka a'r afon yn rhedeg trwyddo nes diflannu yn sydyn
a phlymio i ddyfnderoedd yr ogofau. Er gwaethaf y
gwesty moethus a'r siop swfenïr (a phwy a all eu beio ?)
y mae awyrgylch y lle yn dechrau cael gafael arnaf. Wedi
talu rhyw ychydig ddinarau awn mewn trên a'r tywys-
ydd llygatddu yn egluro rhai o'r rhyfeddodau ar ein
taith. Gwelwn rywbeth diddorol ar bob ochr, olion o'r
arfau fflint a wnaed gan y dyn cyntefig, esgyrn anifeiliaid
o Oes yr Iâ, ceudyllau lliwgar a rhaeadr yr afon yn
pistyllio o uchder anweledig a'i sŵn yn boddi pob llais.

Yna'n sydyn y mae'r trên yn arafu a mentrwn allan
yn fud. Y mae'r ceubwll cyntaf yn ddu i gyd. Ble mae'r
lliwiau a'r golygfeydd a addawyd ? Ond daeth eglurhad.
Y rheswm am ddüwch y fan hon yw fod tân mawr wedi
bod yma ym 1944 pan ddarganfuwyd fod yr Almaenwyr
yn ei ddefnyddio fel cuddfan betrol a'r cwbl fu raid i'r
partisaniaid ei wneud oedd tanio ! Dychmygwch y
ffrwydriad hwnnw yn atseinio drwy wagleoedd yr ogofau.
Yn ôl i'r trên a gwargrymu wrth fynd drwy dwnelau
isel a heibio i ben yr Eliffant, y Ddinas Eira, a enwyd
oherwydd gogoniant ei phibonwy llathrwyn, a chyrraedd
y Neuadd Gynghrair lle gwelsom blât bres er cof am
Luka Cec, y gŵr dewr a ddarganfu'r ogofâu ar ddam-
wain, fis Ebrill 1818.

Y mae'r Neuadd Gynghrair dros gant o droedfeddi
dan ddacar, ddwy filltir o'r agorfa. Yna awn heibio'r
Golchdy sy'n llawn o ffurfiau fel cynfasau diferol ar y
lein, drwy'r Groesffordd a'r Gyprysen, a'r Llen Mawr yn
diferu dafnau rhewllyd ar ein pennau. Brawychu wrth

weld y Corach anferth o galch yn ystumio uwch pont
a wnaed pan syrthiodd un o'r stalagtidau yn dwt ar
draws yr afon, ac yna pen draw'r rheilffordd o dan y
Mynydd Mawr. Dibynnu ar ein traed oedd raid o hyn
allan ac wedi ymlwybro'n ofalus drwy leithder Pont y
Rwsiaid, a cyrraedd y Lepe Jame, yr Ogofau Hardd.
Nid oes ansoddeiriau i ddisgrifio'r fan ; gwyrthiau o
wyn a choch, tiwbiau bychain yn y nenfwd, pileri rhos-
ynnaidd, pyst calch fel cewri bygythiol, llenni crisialaidd
yn disgleirio dan y goleuadau trydan a phibonwy cadarn
yn llyfn fel gwêr. Harddwch amhrisiadwy. Safem mewn
mudandod o flaen un o'r pyst a elwir Llachar, hanner
can troedfedd o uchder, a'r llyn wrth ei droed lle nofiai'r
pysgod hyll, di-lygaid. Ni allwn edrych arnynt heb
echrydu ac eto, ni allwn beidio ag edrych arnynt. Yn
ymnyddu dan ein traed yr oedd y chwilod a'r crancod yn
ceisio cael modd i fyw yng nghanol y lleithder.

Pinacl yr ymweliad oedd y Neuadd Gyngerdd sy'n
dal deng mil o bobl ac fe'i defnyddir ar brydiau i gadw
cyngherddau ac i wneud recordiau oherwydd perffeith-
rwydd y glybodeg. Ni chlywir sŵn yr afon yma oherwydd
diflannodd unwaith eto i ail ymddangos yn y man
mewn pistyll deugain troedfedd. Rhaid hefyd oedd cael
gweld y Pren Banana, mynydd grisial y Pagoda ac Organ
Mendelssohn yn y Brifeglwys. Ceudwll anferth yw'r
Brifeglwys gyda'r pyst a'r pibonwy yn llunio canhwyll-
brennau ac organ urddasol.

Distawrwydd llethol, fel y ceisiem lenwi ein meddyliau
â'r delweddau hyn a'u crisialu yn y cof. Yna sgrech !
Diffoddodd y goleuadau a dyna lle yr oeddem yn y
tywyllwch duaf y bûm ynddo erioed yn gwrando ar y
diferion dŵr yn pitran-patran o'n cwmpas ac yn ceisio
peidio â meddwl am y chwilod a'r crancod wrth ein
traed. Daliem ein gwynt ac yna, diolch byth, daeth y

goleuadau yn ôl ; fe'u diffoddwyd yn fwriadol i roi rhyw syniad inni am ddewrder y dynion a fu'n archwilio yno cyn bod sôn am drydan ! Ailedrych ar y creigiau eisin a'r twnelau melynddu, y cyrn a'r tethi, y lafa cyrliog a'r goedwig wedi braenu, cerfluniau a drychiolaethau, y lleithder a'r llithrigrwydd.

Daethom allan i'r byd mawr cyn hir, yn dal i ryfeddu ac ebychu, gan wybod ein bod wedi gweld un o ryfedd-odau mawr y byd. Lepe Jame : "ogofau prydferth" yn iaith y wlad honno. Os ewch i Iwgoslafia ac os cewch gyfle i ymweld â'r ogofau hyn, gwnewch hynny ar bob cyfrif. Gallaf eich sicrhau na fyddwch byth yr un fath wedyn.

TAIR DINAS

1. ATHEN

Bûm yn edrych ymlaen am flynyddoedd at weld dinas Athen, hen gartref diwylliant a chelfyddyd a democrat-iaeth, ac o'r diwedd daeth y cyfle. Ac yr oedd yn brofiad gwerth aros amdano. Teyrnasa'r Acropolis ar fryn y medrwch ei weld o bob cyfeiriad ; dinas a osodir ar fryn, ni ellir ei chuddio ! Coron yr Acropolis yw'r Parth-enon, y deml i'r dduwies Athene, a fu'n sefyll yma am ddwy fil a hanner o flynyddoedd, teml a wynebodd bob math o dreialon, fandaliaid, rhyfeloedd a lladrad, ond y gelyn mwyaf yw'r un sy'n ymosod ar hyn o bryd, sef awyr lygredig dinas Athen heddiw. Y mae hwn yn pydru ac yn bwyta'r garreg hynafol a'r unig obaith yw medru chwistrellu'r marmor â chemegau arbennig gan hyderu y gall hyn achub y campwaith pensaernïol hynafol hwn.

Ymddengys yr adeilad yn sgwâr ond nid oes linell unionsyth na cholofnau cyflin yno o gwbl ! Lluniwyd ef ar batrwm megaron o farmor euraid, ei sylfaen yn gadarn. Gresyn fyddai i sŵn trafnidiaeth wyllt y ddinas a llygredd yr olew a dirgryniadau yr awyrennau ddin-istrio gwychder y gogoniant a fu.

Y tro cyntaf yr euthum yno, gyda deugain o blant wrth fy nghynffon, yr oedd hawl gennym i ddringo a bodio, mynd i mewn i'r Parthenon ei hun, i deml Athen Nika, teml fechan arall, rhyw fath o gyw Parthenon, cyffwrdd yr olewydden a blannwyd pan oedd Sant Paul yn y ddinas, a rhoi cerrig mân yn ein pocedi. Yr ail dro nid oedd hawl i wneud dim o'r fath. Y mae'r Atheniaid yn eiddigus iawn o'u hetifeddiaeth a bob tro y mentrai un o'r plant yn rhy agos at ryw grair, neu godi carreg oddi ar lawr, byddai chwibanu gorffwyll yn hollti'r awyr a Groegwr nwydwyllt yn chwifio'i freichiau yn nacaol.

Ond 'doedd neb yn gwahardd inni gael edrych a synnu. Gŵyr pawb i'r Arglwydd Elgin gymryd darnau oddi yno a'u rhoi yn yr Amgueddfa Brydeinig yn y ganrif ddiwethaf. Y rheini a elwir yn Farmorau Elgin. Y mae dinasyddion gwlad Groeg yn anfodlon iawn fod y trysorau hyn yn Llundain ; yr eironi yw mai dyma'r unig ddarnau o'r Acropolis sydd yn holliach, anllygredig! Anodd yw credu mai copi yw'r duw acw sy'n lolian ar y bwa ; yr un fath y pen ceffyl ac un o'r tair chwaer, y caryatidiau, sy'n dal nenfwd y deml ar eu hysgwyddau.

Nid oes olygfa harddach na'r Acropolis wedi'i ffrwd-oleuo yn y nos ; llifa gwawl y marmor euraid dros y ddinas a thros y porthladd, Piraeus, wrth ei draed. Mae'r porthladd prysur hwn yn fusnes i gyd tan oriau mân y bore gyda'i dafarnau coffi a'r siopau yn gwerthu blowsus cotwm, brodiog, llestri pridd, tlysau arian ac ysbwngiau yn syth o'r môr. Rhaid bargeinio a dadlau gyda'r dyn-ion sy'n hwrjio'u nwyddau a chrafangu eich drachma olaf.

2. CASABLANCA.

Y peth gorau y gallaf ei ddweud am ddinas Casablanca yw : bûm yno unwaith. Nid af yn ôl ! Yr oedd rhyw rin yn perthyn i enw'r hen ddinas hon a Bogart wedi gosod ei ledrith arni ym myd y ffilmiau, ond y fath siom a gefais !

Yr oedd hi'n ganol Awst a'r dymheredd yn $110°F$ a ninnau bron â methu ag anadlu yn y myllni. Yr oedd amlinell y ddinas a'i thyrrau minaret yn symudliw yn y

gwres a llais y *muezzin* yn llafarganu yn cyffroi ein gwaed
yn nieithrwch ei sŵn, hyd nes y dywedwyd wrthym mai
recordiad sydd wrthi bob teirawr yn galw'r ffyddloniaid
i weddi. Pan gyll y call, fe gyll ymhell.

Trwy ryw wyrth llwyddwyd i groesi'r ffordd heb gael
ein taro i lawr gan feic modur anghyfrifol na char mewn
dwylo hollol loerig, ac yna aethom i'r adran Arabaidd,
y Mdina. Clywsoch am draed moch. A *shambles*. Cerdd-
asom yn ofalus i lawr heolydd culion, drewllyd, igam-
ogam gan edrych yn amheus ar y gweithwyr lledr a'r
eurychiaid, y brodweithwyr yn addurno'r cafftanau, y
gweithwyr matiau a'r siopau ffrwythau a chigoedd, yr
anifeiliaid yn brefu ac yn cyfarth, y plant yn rhythu
arnom, ein crwyn gwelw a'n coesau noethion yn destun
sgwrs a gwawd. Yn siopau'r cigyddion yr oedd y cnawd
gwaedlyd yn cael ei arddangos ar y stryd, liw dydd
golau, llychlyd. Yr oedd y pry' chwythu glasfol, yno
yn gwmwl a phryfetach mân yn glafoerio yn orfoleddus.
A'r cwsmeriaid yn prynu pwys o gig a chwarter o bryfed.
Yna i'r farchnad olewydd lle safai rhes ar ôl rhes o
gasgenni dan gwrlid o wybed, a chŵn heidroffobig yr
olwg yn codi eu coesau yn ddefodol wrth eu godrau
ac yn ffroeni'r nwyddau. Dynion llygadog yn gwenu'n
llechwraidd, aelgam, a'r merched mewn dillad duon at
eu traed, y mygydau-lladd-angerdd yn cuddio'u hwyneb-
au, yn cludo basgeidiau o ddirgelbethau ar eu pennau,
plentyn ar eu cefnau, un arall ym mhob llaw, a thri
neu bedwar llygadog yn llusgo y tu ôl iddynt. Yr oedd
yn ddigon i beri i'r mochyn mwyaf siofinistaidd deimlo
cywilydd.

Cawsom helynt a hanner yn y *souk* (y farchnad) ac
yn y bazaar, o achos gorhoffedd yr Arab gwrywaidd o
weld criw gwyryfol, penfelyn, breichnoeth, yn mentro
i'r ogof lladron. (Nid adwaen unrhyw Arab sy'n medru'r

iaith Gymraeg. Os oes un yn darllen hwn, erfyniaf ei
faddeuant, ond rhaid dweud y gwir.) Cynigiodd un dri
chamel i mi am un o'r genethod. Pendronais am dipyn.
Beth wnawn i â chamelod mewn fflat yng nghanol
Llundain ? 'Roedd hi'n dipyn o benbleth, yn wir !

Yn y diwedd bu rhaid mynd â'r plant allan cyn iddynt
gael sterics ; nid oeddynt yn mwynhau cael eu bodio
ym mhob cornel o'u cyrff. 'Roedd llawer mwy o ofn ar
y bechgyn oherwydd nid yw bechgyn, yn gyffredinol,
yn cael ymhela â nhw gymaint a merched, yn y byd
sydd ohoni. Y mae merched wedi hen arfer ag osgoi
gormod o sylw a dwylo crwydrol ! Ac nid yr ebolesau
oedd yr unig rai a ddioddefodd 'chwaith, oherwydd yr
oeddwn innau'n gleisiau ysig erbyn diwedd yr antur.
Crefent am ein tlysau, ein sigarennau, ein harian a'n
diweirdeb, nes oeddem gignoeth, gorff a meddwl.

Wrth aros am y cerbyd i fynd â ni yn ôl i'r llong daeth
criw o fechgyn deg oed, cecrus, atom gan obeithio gwerthu
eu hanifeiliaid stwffiedig, drewllyd inni. Yr oedd gan-
ddynt grap da ar ieithoedd Ewropeaidd ond nid oeddynt
yn deall y gair *NA* mewn dim un ohonynt. O'r diwedd
aeth fy ngwallt coch yn drech na mi ac aeth fy moesgar-
wch cynhenid (!) ar goll yn lân a dywedais wrthynt :
"Cerwch o 'ngolwg i'r diawliaid bach drewllyd." Wedi
ennyd syfrdan, diflanasant. Yr oedd yr iaith yn ddieithr
ac ni allent f'ateb. "What did you say to them, miss ?"
ebe fy nisgyblion addolgar. "Os gwelwch yn dda, ewch
ymaith," atebais. Ond cefais ail. Safai dau o'r giwed
wrth y bws, minnau yn mynd i mewn yn olaf, a gwnaeth
y ddau ddŵr am ben fy nhraed. Sandalau newydd yn
socian. A ffrwd felen yn ymdreiglo drwy'r llwch i ymuno
â gweddill y carthion a redai i lawr y strydoedd.

Do, mi fûm yng Nghasablanca. Nid af yn ôl.

3. FENIS.

Dinas arall sydd yn werth ei gweld yw Fenis Aeth y
Parch. Robin Williams â'r gwynt o'm hwyliau braidd,
oherwydd y mae ganddo ysgrif ardderchog am y ddinas
hon yn rhifyn Nadolig 1978 o *Taliesin*. Bu bron iddo
fynd â fy mhregeth i gyd ! Ond y mae atgofion yn rhyw-
beth na all neb eu dwyn ac yr oedd ias i'w theimlo wrth
deithio mewn *vaporetto* tuag at Bont y Rialto a Phont y
Gofidiau. Bron na ddywedwn fod y cerrig wedi ymsugno
yr ochneidiau. Mae tipyn o natur cath ynof ac nid wyf
yn rhy hoff o ddŵr, felly esgeuluswyd y gondolâu simsan,
a theithio yn null y Fenisiaid eu hunain, mewn bws dŵr.
Ond yr argen, yr oedd dŵr y gamlas yn fudr, ac yn
anterth yr haf yn drewi fel burgyn. Rhaid oedd ceisio
peidio â meddwl beth oedd yn nofio ar wyneb y dŵr
na pha beth a achosodd y fath liw melyn atgas arno,
ac ymlacio wrth deithio'n esmwyth yn un o ddinasoedd
mwyaf rhamantus y byd. Sylweddoli pa mor fedrus
oedd Canaletto wrth bortreadu pontydd a thyrrau ac
eglwysi'r ddinas a sylwi fod y muriau llaith yn pydru
ar bob llaw. Mae perygl y bydd ceinder a swyn a golud
y ddinas hynafol hon yn diflannu mewn pentwr o rwbel
os na ofelir am wario miloedd ar ei diogelu.

Wedi cerdded drwy'r strydoedd culion a chroesi pon-
tydd di-rif daethom o'r diwedd at Balas y Doge (y
doggie's palace, chwedl un o'r plant, anramantus) ac yna,
yn sydyn, dyma ni yn un o'r mannau harddaf yn y byd,
Sgwâr San Marc, gyda'i Brifeglwys addurnedig a'i gamp-
anîl. Ar dair ochr y mae cynteddau dan do lle mae
siopau bychain yn ferw o ymwelwyr yn prynu anrhegion.
Ac yng nghanol y sgwâr fordydd dan lieiniau cochion
yn ein gwahodd i oedi ennyd a phrofi gwin neu goffi
yn y tes. Gwylio'r plant yn bwydo'r miloedd colomennod

barus a'u rhybuddio rhag rhoi moethau i'r cŵn esgyrnog, a'r mygydau dros eu safnau gan fod y gynddaredd yn endemig yn y ddinas.

Yn yr heolydd culion y tu ôl i'r Brifeglwys y mae ffatri lle gwneir gwydr enwog Fenis a chawsom gyfle i weld y crefftwyr wrthi yn chwythu ac yn tymheru eu defnydd crai wrth lunio gwydr o bob lliw a llun ; swiganai eu bochau wrth siapio eu defnydd glasgoch yn ddysglau a ffiolau, yn geffylau carlamog a gondolâu gosgeiddig. Ac yn goblyn o ddrud. Prynais ddarnau yn llawer rhatach mewn siop dlodaidd yn y stryd nesaf. Yr oedd yn rhiniol cael cerdded i lawr y gefnffordd honno, yn llawn arogleuon, coffi a selsig, garlleg a lledr, ac yn llawn o bethau i'n temtio i wario ein lira : aur ac arian, gwydr ac esgidiau, gwinoedd a grawnsypiau, orennau ac olewydd, brodwaith cain a sidanau.

Ffarwelio, a phawb yn teimlo'n fodlon, braf ; y plant yn llawdrwm dan bwysau sothach a chwifio'r Eidalwyr llygatddu, chwerthinog, yn ein cymell i frysio yma eto. *A rivederci* !

FUOCH CHI 'RIOED YN MORIO ?

Pan ofynnwyd i Bob Tai'r Felin os bu o erioed dros y môr, ei ateb ar ei ben oedd : "Do, yn Sir Fôn." Onid yw pethau wedi newid y dyddiau hyn pan yw pawb yn disgwyl cael gwyliau tramor a phlant ysgol yn cael eu tywys ar draws y byd ar deithiau addysgol ? Fûm i erioed ymhellach na Sŵ Caer ar drip o'r ysgol ! Cofiwch chi, 'rwyf yn gryf o blaid teithiau ysgol ; credaf fod mynd â phlant y ddinas i'r wlad a phlant y wlad i'r ddinas yn beth llesol iawn. Bu rhwyg rhwng y ddwy garfan yn rhy hir. Efallai y deuem i 'nabod ein gilydd yn well a dysgu cyd-fyw.

Un bore dywedodd bachgen wrthyf ei fod wedi hedfan mewn awyren dros y *Pair o' Knees* ; cymerodd eiliad neu ddau i mi sylweddoli am beth ar y ddaear yr oedd yn sôn ! Dro arall pan oeddem ym Majorca ac yn mynd i weld y dawnsio a'r crefftau yn y "pentre Sbaenaidd" cawsom addewid o ddiod rad (hynny yw, *free drink*). Wedi drachtio ein oren ffres ebe un o'r llanciau yn hollol ddifrifol : "*Where's the other two drinks* ?" Rhaid i chi ddeall ffordd y Cocni o siarad cyn y gwelwch beth oedd ym meddwl y crwt ; newidir pob *th* yn *ff* yn eu tafodiaith ! Hwn oedd y bachgen a roddodd fraw ein bywyd inni ryw bnawn yn ninas Palma pan welsom ef yn gwibio ar draws heol lydan drwy ganol trafnidiaeth nwydwyllt, castanets yn clecian rhwng ei fysedd, ac yn troi a throsi yn osgeiddig rhwng y ceir fel matador yn herian tarw. Edrychem arno yn fud gan fraw gan geisio peidio dangos fod a wnelom ni ddim â fo. Yn wir, yr oedd gan y Brifathrawes gymaint o gywilydd fel yr aeth i guddio y tu mewn i dafarn goffi gan ein gadael ni ein

dau i draddodi'r bregeth a thawelu dicllonedd yr hedd-
was. A chwerthin fel ffyliaid ar ôl iddo droi ei gefn !

Y dyddiau yma, un o broblemau mwyaf mynd â
phlant ar deithiau yw diota. Edrychant arnom yn hurt
pan rown y ddeddf i lawr ; crefant, rhegant, pwdant. Y
drwg yw bod eu rhieni yn gadael iddynt ddiota ac felly
rhyw stori wan yw sôn am *in loco parentis*. Bydd rhai yn
llyncu mul a rhai yn bygwth dialedd, rhai yn derbyn
yn ddistaw a rhai yn cael gafael ar ddiod drwy ystryw
a chyfrwystra. Mae angen llygaid y tu ôl i'ch pen efo'r
rhain.

Y mae un daith ysgol arbennig sydd bron yn amhosib
iddynt ddiota arni sef mordaith addysgol ar un o longau
y P. ac O. Er nad yw hyn yn hollol ffŵlprŵff 'chwaith ;
gwelais un plentyn yn sâl fel ci unwaith ar ôl yfed potel-
aid o win melys y binwydden ar ynys Madeira. Chafodd
o ddim llawer o gydymdeimlad gan neb.

Bellach, bûm â phlant ar fordaith ddwywaith gan
hwylio o wlad i wlad drwy Fôr y Canoldir yn gweld
rhyfeddodau ac yn mwynhau byw fel llongwrs. Dych-
mygwch y lle; naw cant o blant swnllyd ym mherfeddion
y llong yn chwysu ac yn chwydu ! Act gyntaf y ddrama
oedd eu cael i gyd ar yr awyren cyn cyrraedd heulwen
Napoli neu Felita neu Fenis heb lofruddio yr un ohonynt.
Yr ail act oedd chwilota ym mol y llong am eu hystafell-
oedd gan fynd ar goll yn y waren wningod o le. Cwyno
a grwgnach, bygwth a brygawthan, nes daeth amser
hwylio a phawb yn heidio ar y deciau i weiddi a chwifio
a'r *Tannoy* yn ffrwydro'n sydyn gyda *Life on the Ocean
Waves*. Yr oedd yn brofiad bythgofiadwy. Gwelem yr
harbwr yn graddol bellhau a'r llong enfawr yn tynnu
allan i'r bae a theimlo ein bod ar ein taith o'r diwedd.

Dilyn y sŵn a swpera'r plant. Eu lluchio i'r disgo
a mynd i gael pryd o fwyd pwyllog gyda photel o win am

bris rhesymol di-dreth. Teimlem ein bod yn ei haeddu.
Yna, strâch ! Ceisio eu rhoi yn eu gwelyau am ddeg a
hwythau yn rhy gyffrous i gysgu ac heb arfer mynd mor
gynnar ! Yr oedd yn ddyletswydd arnom aros wrth law
nes teyrnasai distawrwydd, a gallai hynny fod am oriau.

Y mae ystafelloedd dosbarth ar y bwrdd ac yn ystod
y diwrnodau y byddwn ar y môr ceir gwersi o naw tan
hanner awr wedi pump gan ganolbwyntio ar hanes a
daearyddiaeth y gwledydd y byddwn yn ymweld â nhw.
Bydd pob un yn berchen llyfr gwaith a baratowyd ymlaen
llaw yn yr ysgolion gyda lle i ddisgrifiadau a darluniau,
stampiau a baneri, ynghyd â manylion am y llong ei
hun. Pethau anniddorol fel faint o dunelli yw hi, a pha
fath o beiriannau, sut mae capstan yn gweithio, a darllen
siartiau. Peth cas yw gorfod egluro pethau heb eu deall
eich hun ! Pawb at y peth y bo.

Tipyn o egwyl wedyn cyn dyletswydd swper a dylet-
swyddau'r nos a chael gwared ohonynt er mwyn cael
tipyn o hwyl ein hunain ! Wedi nosweithiau o golli
cwsg bu rhaid rhoi'r ddeddf i lawr : Dim cwsg i mi, dim
pres poced i chi. Fel arfer y mae bygythiad o'r fath yn
gweithio fel dewin. Os am roi gwayw yng nghalon plant
Llundain, fforffedwch eu harian poced. Awn i'r banc
yng nghrombil y llong cyn glanio i ofalu am newid
arian pawb a theimlai'r plant yn bur annifyr gyda'u
llogell yn llawn o ddrachmâu neu besetau neu lirâu.

Gyda lwc caem fordaith esmwyth a'r môr fel gwydr,
ond unwaith cawsom storm yng nghulfor Messina. Rhaid
oedd i'r corff fod yn gryfach na'r meddwl wrth ofalu am y
plant dagreuol ac yr oeddwn i'n berffaith iach hyd . . .
wn i ddim a ddylwn ddweud wrthych beth a ddigwydd-
odd . . . wel, yr oeddwn yn iawn nes gwelais un ferch
yn taflu i fyny a'r cwbl yn landio yn blastar ar wallt
merch arall ar ddec islaw. Daeth yn ddydd y farn arnaf !

Un munud ofnwn fy mod yn marw : a'r munud nesaf ofnwn *nad* oeddwn yn marw ! Wynebau gwyrddion a griddfan, ebychiadau o gorneli tywyll, igian torcalonnus, plant yn sgrechian, y gwynt yn hyrddio a'r môr yn ffyrnigo. Y nefoedd, dyna le !

Ond fe ddaeth y wawr a thangnefedd yn ei sgil a'r môr yn ddiniwed unwaith eto. Daeth haid o lamhid-yddion i ddweud bore da wrthym ar ôl y rhyferthwy. Gwenent yn siriol arnom wrth lamu heibio ochr y llong fel pe bai rhyw athro anweledig wedi bod yn eu dysgu i nofio ar un llinyn. Yna, un pnawn, ar arfordir poeth Affrica, daeth crwbanod y môr i'n diddanu; edrychent fel plorynnod bach cochion ar wyneb y dŵr, yn padlo nerth eu pytiau o draed. Pan waeddodd rhywun "Morfil", rhuthrodd pawb ar draws ei gilydd i weld hocsied ddrylliedig yn codi ac yn disgyn i fympwy'r tonnau !

Brodorion gwlad Goa yw criw'r llong ac yr oedd gan fy ngŵr a minnau stiward bach llawen yn edrych ar ein hôl yn ein caban. Cafodd lysenw gennyf ar unwaith ; Traed. Yr oedd ganddo rai. Rhai anghyffredin o ang-hyffredin, fel gwadnau aradr. Nid oedd esgidiau yn gweddu iddo. 'Roedd yn werth deffro yn y bore (bron iawn) i glywed ei lais yn dweud yn ei acen Gymraeg-Calcutta : "Bath ready, memsahib." Gwnâi i mi deimlo fel brenhines. Byddai wrthi'n ddiwyd drwy'r dydd yn glanhau a chyweirio gwelyau, gwneud te a golchi dillad nes oeddynt yn laswyn. Un bai mawr oedd arno. Tu-eddai i startsio popeth! Dylech fod wedi gweld wyneb fy ngŵr wrth stryffalgio gyda dillad isaf startsiedig. Safai yno fel Pinocio. Sôn am chwerthin !

Bob bore Sul cynhelid gwasanaeth yn yr awyr agored. Yr oedd hyn yn brofiad bythgofiadwy ; dim ond môr llyfn am filltiroedd, gwylanod yn troelli mewn penbleth wrth glywed ein canu'n cael ei chwipio ar yr awel a'r

Tad Mills yn wên i gyd wrth edrych ar ei ddiadell
gymysg. Tipyn o gymeriad oedd o, llawn o ffraethineb
y Gwyddel a llawenydd y Pabydd. Ei ymateb i bopeth
oedd : "Loovely ! Loovely !" a phan ofynnais iddo o ba
ran o Iwerddon yr oedd yn dod ei ateb oedd "Lerpwl."

Wedi diwrnod lluddedig yn arwain plant drwy
ddinasoedd a themlau, marchnadoedd ac amgueddfeydd,
braf oedd cael heddwch ar ôl eu rhoi yn eu gwelyau, ac
egwyl i bwyso ar ganllawiau'r llong yn drachtio'r awel
gynnes, yn teimlo'r zephyr yn cwafrio yn ein gwalltiau,
gwydraid o win gwyn oer a sych yn ein llaw wrth wylio'r
ffosfforws yn tanio wrth y swch ac yn fflachio yn y tywyll-
wch.

Dyma'r bywyd !

HEULWEN AR Y FODRWY

Dywed yr ystadegau fod mwy nag erioed yn priodi, er y dylid ychwanegu mai ail-briodi y mae cyfran helaeth ! Tybed paham y nae cymaint o ieuo anghydmarus ? Y mae cannoedd o wahanol resymau ! Wedi'r gwario a'r ffal-di-rals, yr anrhegion a'r mis mêl, y cwbl yn ofer. Clywais yn ddiweddar am un wledd briodas a ddatblygodd yn ymladdfa waedlyd rhwng y priodfab a'i dad-yng-nghyfraith newydd sbon ; aeth y deisen dair silff yn yfflon, y blodau yn slwj dan draed a hanner dwsin yn y ddalfa. Diwrnod i'w gofio !

Ac y mae pethau doniol yn digwydd mewn priodasau. Cofiaf am briodas fy llysferch a'r dyn-tynnu-lluniau, greadur gwylaidd, yn draed i gyd ; diflannodd o dan ei fwgwd du gan gerdded yn ôl yn araf er mwyn cael pawb i mewn i'r llun. Fe'i hanner gwelais yn dynesu at y clawdd. Yn sydyn diflannodd mewn cwmwl o fwgwd a chollodd lun gorau ei oes sef yr holl barti priodas yn chwerthin yn aflywodraethus. Mewn priodas arall ym Mlaenau Ffestiniog aeth hwrdd o chwerthin drwy'r gynulleidfa pan drodd y gŵr, wedi gosod y fodrwy ar law ei briod, a chyda gwên fuddugoliaethus godi ei fawd, gystal â dweud : "Dyma fi wedi'i chlensio hi." Ie, eiliad fythgofiadwy oedd honno.

Yn ddiweddar bûm mewn priodas Dwrcïaidd. Bu'r gwasanaeth yn y mosg rai wythnosau cyn hynny a'r wledd yn cael ei chynnal wedi i'r pâr ifanc fwrw eu swildod a hel arian i dalu amdani. Y munud yr aethom i mewn i'r neuadd orlawn, daeth y ddau atom, gan foesymgrymu i'r llawr ! Fel arfer, aros yn y gornel ar eu pennau eu hunain a wnaent, ond rhaid oedd gwneud

ffafr arbennig gyda ni, am mai ni oedd eu hathrawon !
Dyna i chi barch ! Fe'n cyflwynwyd i bawb fesul un ;
ugeiniau o fodrybedd ac ewythrod a chefndryd a hen-
ewythrod hyd y nawfed ach, oll yn eu sidanau gwynion
na weddai o gwbl i'w cyrff pasgedig. Gosodwyd ni wrth
fwrdd a phlannwyd dwsin o ganiau cwrw o'n blaenau,
cyw iar a llond hanner berfa o salad olewog. Bwytâi
pawb yn ddiball rhwng sgrechian ar ei gilydd yn eu
hiaith eu hunain a chwerthin yn gras. Bob hyn a hyn
codai dau wryw ac aent i ddawnsio. Symudent fel seirff
yn sŵn cordeddau miwsig dwyreiniol ; pwysent eu tal-
cenni yn dynn yn erbyn ei gilydd gyda phapur punt neu
bumpunt rhyngddynt. Nid oedd y merched yn dawnsio
nes byddai pawb yn rhy chwil i sylwi ; wedyn byddent
yn dechrau nyddu eu cyrff rhwng y cadeiriau. Codai eu
breichiau fel gyddfau elyrch a dechreuai eu cyrff ger-
dded fel neidr yn ymlusgo. Yna safent yn eu hunfan.
Dim ond eu boliau oedd yn dawnsio. Yr un fath ag uwd
yn berwi.

Cyn bo hir byddai defod arall. Safai'r pâr ifanc yn y
canol ac âi pawb atynt bob yn un gan roi pin trwy
arian papur a'i hoelio ar eu dillad nes bod y ddau yn
guddiedig dan glwstwr o arian. Dyma'r anrhegion pri-
odas. Mae gan y Groegwyr arferiad tebyg.

Ryw nos Sadwrn aethom i briodas dau arall o blant
yr ysgol, y ddau yn un-ar-bymtheg oed, priodas Gocni.
Cerddai'r ferch ddel iawn i lawr at yr allor yn ei gwisg
wen ac yn dangos holl ysblander beichiogrwydd wyth
mis oed ! Er y tosturiwn wrthi bu bron i mi â chwerthin
wrth ei gweld yn ei holl sidan ysblennydd rhosynnog
yn cerdded ym mraich ei thad fel llong hwyliau chwydd-
edig. Yn y parti wedyn yr oedd y cwrw potelog yn llifo,
pawb o'r stryd wedi troi i mewn yn eu ffedogau a'u
sliperi a'r iaith yn merwino'r awyr. Ond ni welais erioed

bobl yn mwynhau eu hunain gymaint ! A'r briodas-
ferch yn rocarolio fel chwrligwgan yn ei gwisg sidan nad
oedd yn ddigon o orchudd ar ei phethau mawrion. A
oedd hi'n gwneud peth call, gofynnais iddi, yn rhampio
cymaint, a hithau yn . . . wel . . . yn . . . *"Blimey, miss"*
. . . ebe hi heb flewyn ar ei thafod, *"I want to get this
bun from the oven before we go on 'oneymoon."* Ymhen pedwar
diwrnod ganwyd efeilliaid. Synnwn i fawr nad oedd y
ddau yn feddw ac yn canu *"Knees up, Mother Brown"*
wrth ddod i'r byd.

Un bore Sadwrn safem y tu allan i eglwys Babyddol
a hithau yn pistyllio'r glaw. Dau arall o'r plant ysgol yn
penderfynu gwneud y peth iawn. Buom yno gryn ugain
munud a'r eglwys yn dal dan glo. Yn y diwedd pan
oedd car Conchita druan yn ymddangos am y pumed
tro aeth fy ngŵr a minnau i chwilio am y Tad. Agorodd
y drws yn swrth. "Esgusodwch ni, ond y mae cryn
dyrfa y tu allan yn disgwyl am y briodas," meddem.
Daeth llwydni arswyd i'w ruddiau : *"Holy Mother o' God,
I forgot all about it* !" a thaflodd ei gasog dros ei byjamas
ac i mewn â ni. Wedi eu priodi yn ddiogel cafodd bwl o
chwerthin wrth yr allor.

Yn y wledd cerddai'r ferch a'i theulu o gwmpas gan
sgwrsio â'r gwahoddedigion. "Dyma f'athrawon," ebe
hi wrth ei thad, clamp o Wyddel rhuddgoch, a'i mam,
Eidales swil, yn cwrcydu yng nghysgod ei phaladr o ŵr,
a synnodd y ddau. Yr oeddynt wedi bod yn pendroni
drwy'r amser gan fethu deall pwy oedd y ddau ddieithr,
ac wedi penderfynu mai rhywun wedi troi i mewn o'r
stryd am bryd o fwyd oeddem ! Cawsom groeso tywys-
ogaidd wedyn ac nid oedd diwedd ar lifogydd o chwisgi
Gwyddelig a'r ddiod ddu enwog arall honno o'r un wlad.

Mae'n beth od beth a wêl rhai pobl yn ei gilydd !
Beth yw'r gemeg sy'n denu dau ? Dywedodd fy mam-

yng-nghyfraith wrth ei phedwar mab (ac yr oedd hithau,
fel fy Mam innau, yn llawn o hen ddywediadau, ond ei
bod hi o ardal Llong, Sir y Fflint), dywedodd wrthynt
am chwilio am wraig â'i dau benelin yn goch ! Ni
fyddai honno yn ofni gwaith a dŵr poeth nac yn gwar-
afun golchi crysau a syrcynnau.   "Padell lân, pobreg
fedrus," medd eraill. Ni wrandawodd fy ngŵr ar ei fam.
Cafodd wraig sy'n dymhestl o ddamweiniau yn y tŷ ;
mae pethau mecanyddol yn troi arnaf, yr hwfar yn fy
maglu yn fwriadol a'r bwrdd smwddio yn cicio fel mul.
'Rwy'n gaeth i Gyfraith Murphy : os yw'n bosib i ryw-
beth fynd o'i le fe wna !

    Yr oedd fy Mam a fy nwy Nain yn barticlar yn y tŷ
a gofalodd y tair fy mod yn gwybod sut i olchi llawr heb
iddo lwydo, i flingo cas gobennydd wrth ei roi yn ei le, i
wneud corneli cap-esgob wrth wneud gwely ac i smw-
ddio crys heb rych i fyny'r llawes. Ni chefais gyngor ar
sut i osgoi cael ysgytiad trydanol wrth smwddio llenni
neilon gwyn, na sut i lanhau'r bath heb orfod cerdded
yn ddau ddwbl a phleth am ddwyawr wedyn !

    Ys gwn-i beth a welodd o ynof i ?